LEKTÜRESCHLÜSSEL
FÜR SCHÜLERINNEN UND SCHÜLER

Alfred Andersch

Sansibar oder der letzte Grund

Von Stefan Schallenberger

Reclam

Dieser Lektüreschlüssel bezieht sich auf folgende Textausgabe:
Alfred Andersch: *Sansibar oder der letzte Grund*. Zürich: Diogenes Verlag, 1970 [u. ö.].

RECLAMS UNIVERSAL-BIBLIOTHEK Nr. 15311
Alle Rechte vorbehalten
© 2002 Philipp Reclam jun. GmbH & Co. KG, Stuttgart
Gesamtherstellung: Reclam, Ditzingen
Printed in Germany 2017
RECLAM, UNIVERSAL-BIBLIOTHEK und
RECLAMS UNIVERSAL-BIBLIOTHEK sind eingetragene Marken
der Philipp Reclam jun. GmbH & Co. KG, Stuttgart
ISBN 978-3-15-015311-6

www.reclam.de

Inhalt

Inhalt

1. Erstinformation zum Werk

Mit dem 1957 erschienenen Roman *Sansibar oder der letzte Grund* begegnet dem Leser eine nachgeholte Auseinandersetzung um die Themen von Verfolgung, Flucht und Emigration während Faschismus und Krieg. Gut 10 Jahre nach Kriegsende 1945 setzt Andersch damit seine in den *Kirschen der Freiheit* (1952) begonnene Auseinandersetzung um die Freiheit des Einzelnen, aber auch um die Fluchtmöglichkeiten und die Selbstverwirklichung von Individuen jenseits vermeintlich determinierender politischer oder lebensweltlicher Schranken fort. Während die *Kirschen der Freiheit* als autobiographischer Roman die Lebensgeschichte eines Einzelnen verfolgten, bietet sich dem Leser in *Sansibar oder der letzte Grund* ein Paradigma von fünf Figuren, die sich aus unterschiedlichen Motiven heraus in dem kleinen Ostseehafen Rerik begegnen und auf ganz unterschiedliche Art und Weise handeln. Dabei verändert sich im Laufe der Erzählung der Charakter der Überlegungen und der Handlungen der einzelnen Personen, wie der Leser in szenischer Abfolge bis ins Detail hinein verfolgen kann. Andersch stellt seine Charaktere als typisch für die Zeit nach der Machtergreifung des Nationalsozialismus und noch vor Beginn des Zweiten Weltkriegs dar, mit der Verfolgung und Vernichtung einzelner und ganzer Gruppen von Menschen. Er schildert sie in ihrer Denk- und Empfindungswelt, ohne ihre äußere Erscheinungsweise und die Struktur ihres Miteinander zu vernachlässigen. Dabei kommt es nicht von ungefähr, dass sich der Hintergrund schon in seiner Düsterheit und seiner die Fluchtbewegun-

> *Faschismus und Krieg als Hintergrund*

gen zunächst bremsenden Lage am Wasser als determinierend präsentiert. Ihr bisheriges Leben fordert Änderungen, die in einem Klima grundsätzlichen Misstrauens nur schwer zu bewerkstelligen scheinen. Gegenüber diesen Herausforderungen für die Einzelnen mag es geradezu utopisch erscheinen, dass, nachdem der Faschismus die Institutionen gemeinsamen Handelns nicht nur in politischen Fragen für sich okkupiert zu haben scheint und der Kommunismus sich vor der totalitären Durchdringung des Alltags durch den Nationalsozialismus auch in seinen etablierten Formen des Widerstandes zurücknimmt, es noch einmal möglich ist, dass Menschen sich zu gemeinsamer Aktion aufraffen und in der Lage sind, sich selbst im Blick auf ein übergeordnetes Handlungsziel zu bestimmen, das letzlich allen Beteiligten trotz der scheinbar ausweglosen Ausgangssituation zu zwar unterschiedlicher, jedoch neu gewonnener Identität, selbst angesichts eines quasi gewählten Freitodes, verhilft.

Berücksichtigt man, dass Andersch schon zuvor bescheinigt wurde, existenziellen Beweggründen im Handeln von Figuren nachzugehen, an der Existenz des Menschen interessiert zu sein – ob aus eigenem Antrieb oder in später an der Existenzphilosophie Sartres entwickelten Gedanken,

Politische Zeit-kritik und Multi-perspektivität

gelingt ihm mit *Sansibar* eine Mischung aus **politischer Zeitkritik** – Kritik der scheinbaren Determiniertheit von zeitbedingt festgelegten Lebensumständen und Lebensvollzügen – und einer über die Perspektive Einzelner hinausgehenden **Multiperspektivität**, die dennoch die **Handlungsmöglichkeiten des Einzelnen im gemeinsamen Handeln** zu integrieren in der Lage ist, ohne wiederum das Typische der geschilderten Einzelschicksale für die Zeit der Verfolgung und Flucht bis hin zum Exil auszublenden. Dabei bleibt die Erzählweise von Andersch insofern typisch, als dass sie immer wieder in gekonnten Einzelreflexionen, in die der Leser einbezogen wird, oder in den Dialogen zwischen den Hauptfiguren Gedankengängen nachgeht, die selbst angesichts der konkret bedrohlichen Situationen über sich hinaus auf komplexe Fragestellungen verweisen, umgekehrt aber selbst die vordergründige Rolle des Zufalls zu integrieren in der Lage ist.

»Rezensenten und Kritiker mochten einzelne Einwände haben, aber am Ganzen zweifelten sie nicht: Helmut Heißenbüttel nannte in den *Frankfurter Heften* die Konstruktion der Handlung das ›Eindrucksvollste‹ des Buches und rühmte das ›einfach Menschliche‹, das sich in vielen seiner Figuren zeigte; Horst Bingel bezeichnete es in der *Deutschen Rundschau* als die besondere Kunst Anderschs, Kunst und Politik fugenlos zu vereinen; und Karl August Horst sprach im ›Merkur‹ von einer ›unübertrefflich gezeichneten Freiheitssehnsucht und Abenteuerlust‹. Selbst die gelehrte Kritik an den Universitäten stimmte mit den Rezensenten überein, wie selten sonst, und Käte Hamburger wies diesem Roman ›vor allem seines eigentümlichen und neuartigen Aufbaus wegen ... einen ausgezeichneten Platz in der jüngsten deutschen Erzählliteratur‹ zu.«[1]

> Die Handlung:
> »Freiheits-
> sehnsucht und
> Abenteuerlust«

2. Inhalt

Die Erzählung *Sansibar oder der letzte Grund* ist äußerlich in viele kürzere (37) **Episoden** von jeweils wenigen Seiten Umfang gegliedert, die mit den Namen der Figuren, die in der Episode im Vordergrund stehen, überschrieben sind.

Handlung in Episoden

Das äußere Prinzip gibt erste Anhaltspunkte für die inhaltliche Gestaltung des Romans.

Die **Handlung** spielt 1937 in einem kleinen Ostseehafenstädtchen namens Rerik. Dort begegnen dem Leser in einer insgesamt sehr düster geschilderten Atmosphäre Nazideutschlands nacheinander **fünf Hauptfiguren,** die sich mit unterschiedlichen Absichten in Rerik aufhalten. Der **Schiffsjunge** des Fischers Knudsen verbringt den Großteil seiner freien Zeit in einem Versteck auf einem Speicher, in das er sich zurückzieht, um Abstand von der Tristesse des Alltags zu gewinnen und seinen Träumen und Visionen eines anderen und besseren Lebens nachzugehen. Der Kommunist **Gregor,** der sich schon von der Partei abzuwenden beginnt, kommt in deren Mission nach Rerik, um dort eines der wenigen verbliebenen Mitglieder zu treffen. Sein Auftreten in der Stadt ist unauffällig. Er begegnet im Verlauf der Handlung auch dem Pfarrer des Städtchens, **Helander,** der im Ersten Weltkrieg ein Bein verloren hat, einer in sich zerrissenen Figur, die sich zwischen der Hoffnung auf eine Form von sichtbarer Offenbarung, dem Eingerichtetsein in einem hoffnungslosen Alltag angesichts seiner schweren Behinderung sowie einer abgrundtiefen inneren Leere bewegt. Der Fischer **Knudsen,** den Gregor treffen will, ist als Arbeiter

Fünf Hauptfiguren

noch der Partei verbunden. Seine Zerrissenheit zeigt sich angesichts seines nunmehr vorherrschenden Wunsches, zusammen mit seiner Frau Bertha ein schlichtes Leben in einem normalen Alltag zu führen, das sich gegenüber allen äußeren Anfeindungen und Herausforderungen der Zeitumstände im Rückzug auf wenige elementare Lebensvollzüge behaupten kann. Die Begegnung mit dem Parteiboten Gregor ist so schon von vornherein auf Konflikt hin angelegt. **Judith,** eine flüchtende Jüdin aus gutbürgerlichem Hause, ist in ihrem Streben und Bemühen meist auf kurzfristige Handlungen beschränkt, wenngleich das Hauptmotiv, das sie nach Rerik geführt hat, die Idee der Flucht über die Ostsee ist. Ihre innere Befindlichkeit steht unter der Spannung zwischen dem Ziel der Flucht, dem gedanklichen Verhaftetsein im bürgerlichen Leben und den für sie nur schwer überschaubaren situativen Handlungsnotwendigkeiten, sodass sie sich innerhalb der kurzen Zeitspanne von etwa einem Tag, über die der Roman berichtet, in sehr unterschiedlichen Situationen wiederfindet und behaupten muss.

Der **Lesende Klosterschüler,** eine Plastik Ernst Barlachs, die in der örtlichen Kirche aufgestellt ist, wird zentraler Bezugspunkt für alle vorgenannten Personen. Die Holzplastik, die | *Die Plastik* | zeitweise menschlichere Züge annimmt als die echten Menschen, wird zum Ort der Begegnung und Auseinandersetzung. Misstrauen, Angst und Unwahrhaftigkeit kennzeichnen die Situation in Rerik, die politischen Zeitumstände haben sich nachhaltig auf das zwischenmenschliche Klima ausgewirkt. Die Menschen wirken in ihrem Tun und Handeln unwahrhaftig und unfrei. Erst die Plastik mit ihrer künstlerischen Aura vermag es, **echte**

▌ **Handlungsmotive als freie Handlungsmotive** anzure-
gen, die nach und nach alle Gestalten erfas-

*Echte Handlungs-
motive = freie
Handlungsmotive*

sen. Pfarrer Helanders Handlungsziel richtet
sich trotz seiner individuellen verzweifel-
ten Verfassung, die ihn zum Mord an den
ihn verfolgenden Nationalsozialisten und
schließlich zum indirekten Selbstmord führt, auf die Rettung der Figur vor der Beschlagnahmung. Um diesem
übergeordneten Handlungsmotiv Geltung zu verschaffen,
durchbricht er in seiner einzigartigen direkten Art und Weise das vierjährige Schweigen, das zwischen Knudsen und
ihm herrschte, um den Fischer aufzufordern, die Plastik zu
retten. Gregor, der mit dem Fischer eigentlich über eine
neue Organisationsform der Partei reden sollte, will nunmehr aus eigenem Antrieb mithelfen, die Figur, die ihn beim
ersten Anblick gefesselt hat, in Sicherheit zu bringen. Sie
verbürgt für ihn, der sich lange Zeit als bloßes Werkzeug der
Partei begriffen hatte, verloren gegangene Identität und eigene Wertsetzungen. Knudsen, der Fischer, überwindet angesichts des Wunsches von Helander und dem Drängen
Gregors seine eigene Zerrissenheit und übernimmt schließlich die Verantwortung für den Transfer der Figur nach Skillinge, einem Ort in Schweden. In der nächtlichen Fluchtak-
tion kommt der Junge mit seinem Verlangen nach Befreiung
von der Autorität der Erwachsenen, dem Ringen um Aner-
kennung und seinen Träumen zur Geltung, indem er sie auf
dem Beiboot sicher zum Kutter bringt. Während Gregor in
der Umgebung von Rerik bleibt, kann Judith, nachdem sie
ihr Fremdenzimmer und ihre Habe aufgegeben und sich die
Hilfe des Steuermanns eines schwedischen Schiffes als Illu-
sion erwiesen hat, durch den Beistand Gregors mit auf den
Kutter Knudsens gelangen. Sowohl die Figur Barlachs als

auch Judith gelangen in Skandinavien in Sicherheit. Der Junge verwirklich dort ansatzweise seine auch literarisch durch die Lektüre von Huckleberry Finn angeregten Träume, indem er sich für kurze Zeit von seinem bisherigen Leben lossagt. Ähnlich wie Knudsen, der den Kutter wieder heimbringen wird, entscheidet sich auch der Junge für die Rückkehr. Erst wenn Knudsen wieder abfahre, denkt er, sei er wirklich frei, doch im selben Moment, in dem er diesen Gedanken ausspricht, nimmt er den Weg zum Kutter auf und »schlenderte auf das Boot zu, als sei nichts geschehen« (159).

3. Personen

Der Junge. Der fünfzehn-, fast sechzehnjährige **Bootsjunge von Knudsen** mag den **Trott des Fischereialltags** nicht. Sein Lieblingsaufenthaltsort ist der **Speicher** der alten Gerberei. Dort gewinnt er mit der Lektüre von **Abenteuerbüchern** wie *Huckleberry Finn* oder Karl Mays **zwischen Indikativ und Konjunktiv**, den Gegebenheiten des Ortes Rerik und seinen Visionen, zwischen Verstecken und Flucht eine erste Ahnung von den Möglichkeiten, die ein junger Mensch wie er im Gegensatz zu den auf das Ende der Ausbildung und die Absolvierung der Marinezeit drängenden Vorstellungen seiner Mutter hat, mit der er zusammen lebt. Auch die vor allem durch Erzählungen genährte Erinnerung an seinen **Vater,** der betäubt durch Alkohol auf See umkam und in den Augen der Einwohner wenn, dann nur als Säufer erinnert wird, belebt seine planerische Phantasie, denn er erkennt im Verhalten seines Vaters, der gegenüber den anderen Fischern sich auch auf die hohe See hinauswagte, die **Weltoffenheit,** die ihn selber in seinem auf Rerik beschränkten Alltag beunruhigt und anregt. »Er war gestorben, weil er nie etwas zu sehen gekriegt hatte. Seine sinnlosen, betrunkenen Fahrten auf die offene See waren Ausbrüche aus seiner Welt gewesen, in der er nie, niemals etwas zu sehen gekriegt hatte« (38). Der Junge formuliert die titelgebenden Stichworte, indem er von drei Gründen spricht, »weshalb man aus Rerik raus mußte« (9). Dementsprechend kreisen seine Gedanken um das **Ziel der Flucht:** »Ich will aber gar

Zwischen Indikativ und Konjunktiv

Die Vergangenheit: sein Vater

Das Ziel: Flucht

kein Boot für die langweilige Fischerei haben, dachte der Junge, ich will ein Boot für die offene See haben, ein Boot, um hier herauszukommen« (21).

Er hat den Wunsch, anders zu werden als die Erwachsenen, von den Erwachsenen »im allgemeinen« (33) wegzukommen. »Ich werde anders sein als sie, dachte er, wenn ich einmal erwachsen bin. Es muß doch möglich sein, anders zu werden als Knudsen und alle die, die er kannte. Es konnte doch nicht immer so weitergehen, daß man nur noch ein paar Redensarten hatte, wenn man älter wurde, daß man auf keine Ideen mehr kam, wenn man älter wurde, daß man immer das gleiche Leben in kleinen Ziegelhäusern führte und ein wenig langweilige Küstenfischerei betrieb, wenn man älter wurde« (33). Dabei scheinen sich seine Annahmen über **die Welt der Erwachsenen,** zu der er jenseits seines Berufes wenig Kontakt hat, aus deren Sicht zu bestätigen: »Ist er [der Junge] zuverlässig? Keine Ahnung, sagte Knudsen. Ich weiß nicht, was diese Jungens heutzutage denken. Aber ich bin der Schiffer und er ist der Junge. Er hat keine Fragen zu stellen. Er hat Fragen zu stellen, dachte Gregor heftig. Und er wird sie eines Tages stellen« (86 f.). Im Nachdenken über seine phantasievoll genährten Fluchtvorhaben, die auch auf die Ankunft eines fremden Frachters setzen, wird der Junge sich zunehmend der Konflikte bewusst, die ihm angesichts einer verwalteten Welt bevorstünden. »Überall braucht man Papiere, und die Papiere bekam man nicht ohne die Einwilligung der Erwachsenen« (52). Dennoch schweifen seine Gedanken immer zu den Zielen seiner Flucht: »In Rerik war überhaupt nichts los. Man mußte irgendwohin, wo etwas los war. Nach Amerika zum Beispiel« (52).

Der erste äußere Anlass, der den Jungen spüren lässt, dass

in Rerik etwas los ist, besteht in der Vorbereitung der heimlichen nächtlichen Fahrt, mit der Judith und der Lesende Klosterschüler aus Rerik herausgebracht werden. Sie stößt in ihm auf die lange gehegte Hoffnung, es möge etwas passieren, und lässt Knudsen wegen seines unerwarteten **Engagements**, mit dem er literarisch genährte Sehnsüchte des Jungen umzusetzen scheint, in seinen Augen respektvoller erscheinen.

Engagement

Die nächtliche Aktion zieht den Jungen voll und ganz in ihren Bann. Er fühlt, dass seine Person an Bedeutung gewinnt (93) und sieht seine Beteiligung an der Flucht als Chance: »Jetzt, da er die Chance spürte, dachte er übrigens nicht mehr an die Gründe, warum er weg wollte. Er dachte nicht mehr an seinen Vater, er hatte vergessen, daß in Rerik nichts los war, und am allerwenigsten fiel ihm sein Traum von Sansibar ein. Alle seine Gedanken kreisten um die Chance, und ob es ihm gelingen würde, sie auszunützen« (120).

Während der Flucht stellt der Junge im Ruderboot seine Fähigkeiten unter Beweis. »Gregors erste Ruderschläge waren ungeschickt, sie behinderten die Stakrichtung, aber der Junge hing sehr rasch seine Ruder in die Dollen und brachte das Boot in tieferes Wasser« (123);

Flucht, Traum, Wirklichkeit und Rückkehr

Gregor spürte, »wie rasch und sicher der Junge seine Fehler ausglich« (124). Zuvor hatte der Junge bereits bestätigt, dass er sogar das Boot Knudsens alleine hätte hinüberbringen können (140). **Die Flucht über die Ostsee** führt ihn, Knudsen, Judith und den Lesenden Klosterschüler, für den der Junge ebenfalls Achtung gewinnt, schließlich nach Skillinge, wo der Junge fortfährt, seine Träume zu verwirklichen, indem er sich zunächst unabhängig macht und in den Wäldern

seinen **Traum von Sansibar** zu leben beginnt. »Ich bin
'raus, es hat wunderbar geklappt, ich bin in Schweden, ein
paar Tage bleibe ich hier und dann geh ich irgendwohin und
melde mich und sag, daß ich ein Politischer bin. Und dann
geht es immer weiter, dann kommt vielleicht Amerika und
der Mississippi oder Sansibar und der Indische Ozean«
(158). Doch obwohl er eine Hütte findet, dort Feuer macht
und sich Fisch brät, verwirft er diese Existenz und überlegt
weiter: »Erst wenn Knudsen abgefahren ist, dachte er, bin
ich wirklich frei« (158). Dieser Gedanke führt ihn zurück
ans Wasser und zu Knudsens Boot, das noch wartet. In
Freiheit kehrt er schließlich auf das Boot zurück: »Der
Junge sah, daß der Kutter noch immer dalag. Etwas weiter weg war das Meer blau, dunkelblau und kalt lag es unter einem grauen, einförmigen Himmel ohne Sterne. Der
Kutter bewegte sich kaum, er war schwarz und still und
wartete. Der Junge konnte sehen, daß Knudsen auf Deck
saß, er saß auf der Wassertonne und rauchte. Der Junge
blickte nicht mehr in den Wald zurück, als er den Steg betrat. Er schlenderte auf das Boot zu, als sei nichts geschehen« (158 f.).

Gregor. Gregor kommt als inkognito auf dem Fahrrad rei-
sender **Verbindungsmann der kommunisti-
schen Partei,** der seine eigene Erscheinungsweise mit Fahrradklammmern und Gepäck
am Bahnhof (83) sorgsam bedenkt, nach Re-

> Der Verbindungs-
> mann

rik, um dort den Fischer Knudsen zu treffen und um etwas
»über die Hafen- und Transportverhältnisse« auszuforschen
(23). Seine **äußere Erscheinung** wird dem Leser durch die
Augen Judiths im Dunkel der Kirche beschrieben: »Etwas
sehr Erfahrenes und Altes lag in diesem jungen Gesicht, und

zwischen Augen und Mund hatte sich ein nüchtern hingenommener, offenbar nicht sehr schmerzhaft empfundener Leidenszug eingetragen, aber die Schläfen und das Kinn zeigten Schläue, verrieten Tempo, verlässige Schnelligkeit und Intelligenz. Den Ausdruck und die Farbe seiner Augen konnte sie nicht erkennen, aber seine Haare erkannte sie als glatt und schwarz, sie fielen manchmal locker ins Gesicht, und dann mußte er sie wegstreichen« (110).

Im Laufe der Erzählung wird Gregor, so der Name in seinem falschen Pass, sich mehr und mehr vom Auftrag der Partei lossagen, um sich **in seiner Identität** zunehmend selbst zu bestimmen. Gregor sagt über sich: »Ich habe keinen Namen. Aber Sie können mich Gregor nennen« (54). Als Grigorij – so sein ebenfalls nicht richtiger und damit wiederum auf die fragliche eigene Identität verweisender, für den Eintritt in die Lenin-Akademie gewählter Name – hat er bereits Jahre zuvor an einem Manöver der Roten Armee auf der Krimhalbinsel teilgenommen. Schon dort war er innerlich hin- und hergerissen. Gegenüber den Parteiinteressen entwickelt er zusehends andere, ureigenste Interessen, die sich ihm innerlich als **Verrat am Kampf für die Partei** enthüllen. Dazu gehört, dass er vor seinem letzten Auftrag nicht nur Angst hat (40), sondern aus der Partei austreten will: »Schluß, dachte er, es muß Schluß sein. Ich spiele nicht mehr mit. Es war sein glücklichster und sein endgültiger Gedanke: ich steige aus. Er empfand keine Gewissensbisse dabei. Ich habe genug für die Partei getan, dachte er« (41). Spielt der Fluchtgedanke als bloßes Fliehen zunächst eine große Rolle, so findet der sich in Freiheit bewusst ergreifende und selbst bestimmende Gregor im Laufe der Ereignisse

Partei und Identität

zunehmend sich selber. Bei ihm stimmt alles Äußere für die Flucht: »Er hatte tadellos gefälschte Papiere in der Tasche und genügend Geld, um es noch eine Weile auszuhalten« (64), doch »in den Ablauf der Flucht war eine Pause eingetreten« (65).

In der Durchführung seiner eigenen Vorhaben erweist sich Gregor als konsequent bis hin zur Verteidigung seiner neuen Ziele im Zweikampf gegen Knudsen, den er gewinnt. Nachdem er einmal **Freundschaft mit dem Lesenden Klosterschüler** geschlossen hat, emanzipiert er sich mit dem Parteibefehl, aber über die

> Gregor schließt Freundschaft mit dem Lesenden Klosterschüler

Partei hinaus zum Vollstrecker einer neuen Taktik, die durch seine subjektive Zielsetzung inhaltlich gefüllt wird. Mit der Figur des Lesenden Klosterschülers gelingt es Gregor, jenseits bloßer Auftragserfüllung **sinnvoll zu handeln** und die neuen Ziele voller Gewissheit über die Partei und über sich selber hinaus anzustreben: »Du wirst es nicht glauben, sagte Gregor zu Knudsen, aber du wirst das Ding nach Schweden bringen« (56), und noch bevor er seinen insgeheim schon gemachten Plan darlegt, sagt er: »Keine Sorge [...], Knudsen wird sie [die Figur] nach Schweden bringen« (58). Mit dem Handlungsziel und -motiv, den Lesenden Klosterschüler zu retten, begreift er sich als **freier, selbstbestimmender Mensch**. Er hat sich innerlich bereits von der Partei gelöst und ist in dem Moment, indem es ihn über Worte und Gedanken hinweg zur Handlung drängt, sogar Gott zugetan: »Es mußte jetzt klappen, ohne daß ein weiteres Wort gesprochen wurde. Lieber Gott, betete er, mach, daß Knudsen bleibt!« (68). Dabei formuliert er seine Schwierigkeiten bei der Selbstfindung unabhängig von äußeren Institutionen. »Hätte ich sagen sollen, dachte

er, sie täuschen sich, ich bin kein Christ, ich bin Kommunist? Es hätte nicht gestimmt, denn ich bin
kein Kommunist mehr, ich bin ein Deserteur.
Ich bin auch kein Deserteur, sondern ein
Mann, der begrenzte kleine Aktionen durch-
führt, im eigenen Auftrag. Und dann begann
es ihm zu dämmern, daß er sich zu diesem
jungen Mädchen in einer Beziehung befand, vor der Worte
wie Christ, Kommunist, Deserteur, Aktivist, verblaßten: Ihr
gegenüber war er überhaupt nichts anderes als der junge
Mann, der sich vor ein junges Mädchen stellte – eine klassi-
sche Rolle, wie er ironisch konstatierte« (108).

> Christ,
> Kommunist,
> Deserteur,
> Aktivist?

Gregor wird im Prozess der Selbstfindung von der Figur des Lesenden Klosterschülers begleitet.
In ihm entdeckt er seine **ureigensten Qualitäten** wieder. Sie ermöglicht es ihm, wieder
frei zu handeln. »Bis dahin mußte die Aktion den Scheitel-
punkt ihrer Kurve erreicht haben. Die Aktion ›Lesender
Klosterschüler‹. Oder war es jetzt die Aktion ›Jüdisches
Mädchen‹? Jedenfalls wird es meine Aktion sein, dachte
Gregor arrogant. Zum erstenmal leite ich keine Parteiaktio-
on. Es ist eine Sache, die nur mir gehört. Er fühlte sich glän-
zend aufgelegt. Das wunderbare Gefühl, das ihn befallen
hatte, seitdem er den jungen Mönch, seinen Genossen, den
freien Leser, gesehen hatte, verließ ihn nicht« (84). Der Vor-
bildcharakter der Figur wird jedenfalls klar formuliert: »Ich
will allein 'raus und draußen will ich allein sein, allein wie
dieser Bursche aus Holz, so allein will ich lesen wie er, und
so allein wie er will ich aufstehen und fortgehen, wohin ich
will, wenn ich genug gelesen haben werde« (137). Dabei entdeckt der sich selber wiederfindende ehemalige Parteigenosse, der kühl räsonierte, auch in der zögernd zugelassenen

> Selbstfindung

zarten **Liebe zu Judith** (112 f.) bzw. in der verpassten Chance dazu seine ursprüngliche Menschlichkeit. »[...] blöd von mir, daß ich mich beinahe auf einen Kuß eingelassen hätte, ich habe mich damit eines Vorteils beraubt, dachte er, ich bin nicht mehr so überlegen wie vorher, ich habe nicht mehr die Überlegenheit des Abstands« (121).

Die angesichts des Lesenden Klosterschülers und in der angedeuteten Liebe zu Judith wiederentdeckten Qualitäten der eigenen Identität deuten sich bereits zu Beginn der Erzählung in der **sensiblen Wahrnehmungsweise** Gregors an. Er vermag seine eigene Sicht der Dinge und seine Weltsicht zu relativieren oder sie zu wechseln, indem er die Dinge sowohl symbolisch oder metaphorisch als über sich selbst hinausweisende ansieht, als auch in entzauberter Form auf ihren materiellen Realitätsgehalt reduziert betrachtet. »Es ist möglich, dachte Gregor, vorausgesetzt, man ist nicht bedroht, die licht stehenden Kiefern als Vorhang anzusehen. Etwa so: offen sich darbietende Konstruktionen aus hellen Stangen, von denen mattgrüne Fahnen unterm grauen Himmel regungslos wehten, bis sie sich in der Perspektive zu einer Wand aus flaschenglasigem Grün zusammenschlossen. Die fast schwarz makadamisierte Straße deutete man dann als Naht zwischen den beiden Vorhanghälften; man trennte sie auf, indem man sie mit dem Fahrrad entlang fuhr; nach ein paar Minuten würde der Vorhang sich öffnen, um den Blick auf das Szenarium freizugeben: Stadt und Meeresküste. Da man jedoch bedroht war, dachte Gregor, war nichts wie etwas anderes. Die Gegenstände schlossen sich in die Namen, die sie trugen, vollkommen ein. Sie wiesen nicht über sich selbst hinaus. Es gab also nur Feststellungen: Kiefernwald, Fahrrad,

> *Symbolisch-metaphorische und materielle Weltsicht*

Straße. [...] Ein Haus würde ein Haus sein, eine Woge eine
Woge, nichts weiter und nicht weniger« (7 f.). Diese doppelte Betrachtungsweise verdeutlicht sich später noch einmal:
»Die Kirche war ein wunderbarer weißer, lebendiger Mantel. Es war seltsam, daß der Mantel ihn wärmte, – ja, seltsam
war das, und Gregor nahm sich vor, darüber nachzudenken,
wenn er einmal Zeit haben würde, nach der Flucht vielleicht,
nach der Flucht von den Fahnen, – aber daß die Kirche mehr
wäre als ein Mantel, darüber machte Gregor sich keine Illu-
sionen. Sie konnte vielleicht vor der Kälte schützen, aber
nicht vor dem Tod« (40).

Angesichts dieser beiden Formen der Weltbetrachtung
nimmt es sich kaum verwunderlich aus, dass Gregor den
ihm durch die Parteiarbeit sehr vertrauten sozialen Zusam-
menhängen in seiner Reflexion gerne andere Schwerpunkte
gegenübersetzen würde: »Es wäre einfacher, dachte Gregor,
vom Meer abhängig zu sein, statt von den Menschen« (8).

Die Perspektive Helanders fasst wichtige Punkte der **Persönlichkeit,** die Gregor nunmehr (entgegen
der Bemerkung Helanders) vorstellt, noch
einmal in seiner freilich sehr negativen Weltsicht zusammen. »Der hier ist nicht neu, er

| Gregors
Persönlichkeit |

ist irgendwer, ein magerer, unauffälliger Mensch in einem
grauen Allerweltsanzug mit Fahrradklammern an den Ho-
sen, ein Aushilfsbote von der Post oder der Sohn eines In-
stallateurmeisters, der schon morgens raus mußte, um eine
Wasserleitung zu flicken, so also sehen in unserer Zeit die
Boten und die Söhne aus, die Boten der Rettung und die
Söhne der Ideen: man kann sie nicht unterscheiden. Man
konnte sie nicht erkennen, außer in ihren Handlungen. Sie
sind keine Persönlichkeiten, dachte Helander, sie haben
den Ehrgeiz, das Richtige zu tun und nicht aufzufallen. Sie

glauben an nichts mehr, dieser junge Mensch glaubt nicht mehr an seine Partei und er wird niemals an die Kirche glauben, aber immer wird er bemüht sein, das Richtige zu tun, und weil er an nichts glaubt, wird er es unauffällig tun und sich aus dem Staub machen, wenn er es getan hat. Was aber treibt ihn an, das Richtige zu tun? fragte sich der Pfarrer, und er gab sich selbst die Antwort: Das Nichts treibt ihn an, das Bewußtsein, in einem Nichts zu leben, und der

> *Das Nichts als Motor*

wilde Aufstand gegen das leere, kalte Nichts, der wütende Versuch, die Tatsache des Nichts, dessen Bestätigung die Anderen sind, wenigstens für Augenblicke aufzuheben« (150 f.).

Pfarrer Helander. Der **Pfarrer** Helander lässt sich als **innerlich zerrissene Gestalt** beschreiben. Ihn lernen wir in seiner direkten und unvermittelten Art, die auf den ersten Blick vor den Kopf zu stoßen scheint, im Gespräch mit

> *Innerliche Zerrissenheit*

dem Fischer Knudsen kennen. Knudsen, der dessen »eine Neigung zum Jähzorn verratende[s] Gesicht« (27) beschreibt, solle, so Helander, für ihn die in der Kirche stehende Figur des Lesenden Klosterschülers nach Skillinge transportieren. »Ich muß den Mönch zum Probst von Skillinge schicken. Oder ihn zerstören. Ausgeliefert darf er nicht werden« (30). Doch von seiner ersten erfolglosen Anfrage bei Knudsen, der ihm, wie er zunächst annahm, gegen den gemeinsamen Feind helfen würde (9), kehrt der Pfarrer grußlos zurück.

Helander macht seine Invalidität zu schaffen. Gegenüber seinem als Pfarrer eher professionellen Glauben ist er angesichts seiner Stumpfwunde, dem »Verdun-Bein« (27), eher hoffnungslos. Seine Gedanken sind nüchtern, orientieren sich an den Gewissheiten seines fehlenden Beines, an der **Perspektive, die Kirchenfigur zu retten**, aber auch an irrationalen Motiven, wie der Sehnsucht nach Offenbarungen: »Die Wand. Die große rote Wand ohne Inschrift« (53). Er wartet am Fenster, vor Mauerflächen, auf äußere Zeichen gegen die sonst verspürte innere Leere.

Sehnsucht nach Offenbarung

Seine eigenen **Zweifel am Glauben** werden angesichts der von Knudsen als Götzen bezeichneten Figur des Lesenden Klosterschülers, der eigenen Ohnmacht, aber auch der politischen Situation deutlich: »Ist Gott denn ein Götze, dachte er, nur weil er sich nicht mehr um uns zu kümmern scheint? Weil er keine Gebete mehr hört? Keine Gebete gegen die aufbrechende Wunde eines Beinstumpfes, keine Gebete um Hilfe gegen die Anderen?« (55).

Zweifel am Glauben

Der abstrakte Zweifel am Glauben wird im **gemeinsamen Handeln mit Gregor** zur Rettung des Lesenden Klosterschülers durch neu gewonnenen Mut, Sicherheit und Hoffnung auf Wunder zunächst kompensiert: »Helander schüttelte ungläubig den Kopf. Aber ich sollte es versuchen, sagte er sich gleichzeitig. Dieser Mensch hat eine seltsame Sicherheit an sich. Es wäre merkwürdig, wenn dieser fremde Mensch meine Figur retten würde. Es wäre geradezu ein Wunder« (58).

Gemeinsames Handeln

Gegenüber dem deutlich werdenden Engagement für die Figur des Lesenden Klosterschülers, das Gregor ihm zusehends abnimmt, wirkt es wie ein Rückzug, dass Helander sich nunmehr intensiv seiner Verletzung widmet und auch dafür die

Rückzug

Verantwortung abzugeben scheint. »Er fühlte sich erleichtert, nachdem Doktor Frerking gegangen war. Plötzlich hatte er sich entschlossen, den Arzt doch noch heute kommen zu lassen; er hatte sich eingeredet, heute noch Gewißheit haben zu wollen, und Frerking hatte sie ihm gegeben: die Gewißheit der Gefahr. Über den Beinstumpf gebeugt, hatte der Arzt gesagt: Sie müssen heute abend noch zu Professor Gebhard fahren, nach Rostock. Ich werde mit ihm telefonieren, daß er ihr Bein sofort vornimmt« (93). Und sogleich analysiert er selber seine Verhaltensweise: »Die klare Verkündung der Todesgefahr habe ich gewollt, die Gewißheit, aber nicht nur sie, sondern auch den Eingriff der höheren Gewalt. Darum habe ich die Konsultation Frerkings nicht auf Morgen verschoben, sondern ihn bitten lassen, sogleich zu mir zu kommen. Übrigens: morgen hätte ich keine Gelegenheit mehr gehabt, ihn zu konsultieren. Die Nacht über hierbleiben heißt: den ›Klosterschüler‹ retten. Den ›Klosterschüler‹ retten heißt: morgen früh abgeführt werden. In ein Konzentrationslager mit dem Tod im Bein. Der Doktor hat das Problem für mich gelöst: sofort nach Rostock, sofort Professor Gebhard, sofort das Sichklammern an einen Strohhalm. Die höhere Gewalt hatte entschieden: das Klinikbett statt des Martyriums, Helander hatte Grund, sich erleichtert zu fühlen« (95).

Mit der Schilderung der möglichen Martyrien (96 f.) wird deutlich, dass Helander seine **Zukunft** durchweg **pessimistisch** sieht. Seine

Pessimistische Weltsicht

eigene Ungewissheit im Glauben verdeutlicht sich an den Theodizeefragen des Pfarrers, den Fragen nach der Rechtfertigung Gottes angesichts des Leids in der Welt. Er orientiert seine Antworten an den Antworten auf die Frage nach

Die Frage nach Gott

der Existenz Gottes und dessen Nähe in der Welt. Im Gegensatz zu den Erwartungen, die man an die Glaubensgewissheit des Pfarrers stellen könnte, sieht Helander sich in einer gottverlassenen Ausweglosigkeit. »Keinesfalls durfte man sich einbilden, von Gott gehört zu werden. Man betete nur, weil man wußte, daß es Gott gab; er weilte zwar in unerreichbarer Ferne, aber es gab ihn, er war nicht etwa tot. [...] Es gab keinen Trost« (97 f.). »Was kümmerte es den abwesenden Gott, der vielleicht nur ein fauler Gott war? Der trieb sich vielleicht gerade auf dem Orion herum, statt auf der Erde, oder wenn er auf der Erde war, dann kreuzte er vielleicht mit einer Jacht vor Honolulu, statt sich auf Knudsens Boot niederzulassen und den kleinen Mönch aus Rerik zu retten« (99). Ohne Kontakt zu Gott verliert sich Helander in die trostlose Umgebung: »Seitdem der Pfarrer hier wohnte, hatte er nie die Vorhänge seines Arbeitszimmers zurückzuziehen brauchen; er hatte kein anderes Gegenüber als die fensterlose, jahrhundertealte Wand, auf der nie ein anderes Zeichen erschien als die Spur des Regens oder der Sonne, des Tages oder der Nacht, die Sprache von Vogelrufen oder einer unter Mauern verschütteten Toccata« (98). Und die **Selbsterkenntnis** formuliert er wie folgt: »Er lachte beinahe, als er erkannte, wie genau sich in ihm Angst und Mut die Waage hielten. Die Schalen standen sich zitternd gegenüber« (99). Nur konsequent sind seine Gedanken hin zum Tod (99). Helanders nahezu permanenter Pessimismus verdeutlicht sich wiederholt, so wenn er angesichts der Begegnung zwischen Gregor, Judith und ihm fragt: »Und er [Knudsen] wird die junge Dame mitnehmen? Er hat bis jetzt noch keine Ahnung von ihrer Existenz, sagte Gregor. Nun, dann machen Sie sich noch nicht zu viele Hoffnungen, Kind, sagte Helander, zu Judith gewendet« (115 f.). Andererseits zeigt er auch ein deutliches Festhalten am Ritual, wobei offen bleibt, wie authentisch sein Verhalten ist und welche wirkliche Funktion es hat: »Helander starrte auf den leeren Sockel. Dann sprach er lautlos das Vaterunser« (119). Gregor jedenfalls favorisiert in dieser Situation ganz klar die Tat vor dem Wort (hier des Vaterunsers).

Helander selber bleibt seine **Morbidität** nicht unverborgen und wiederholt setzt er an, seine Situation und deren Perspektiven in seinen Träumen der Trostlosigkeit zu analysieren, wobei er sich selber (auch als Gottverlassenen) zu entdecken scheint: »Helanders Träume waren Symbole unterdrückter Triebe, Bilder von Liebe und Tod. Aber Freud lieferte ihm keine Erklärung für die Stimmung seiner Träume; denn ihre Handlung war nicht so wichtig wie ihre Stimmung, die ihn in eine Welt aus Ödnis, Schmutz, Dämmerung, Kälte und Hoffnungslosigkeit einschloß und zuletzt in eine furchtbare Leere, so daß er sogar noch im Traum selbst den Gedanken vollzog: wenn es eine Hölle gibt, so muß dies die Hölle sein. Die Hölle, das war nicht ein Raum aus Hitze und Feuer, ein Raum, in dem man brannte, – die Hölle war der Raum, in dem man fror, sie war die absolute Leere. Die Hölle war der Raum, in dem Gott nicht war« (149). Und in Abgrenzung von Gregor rafft er noch einmal die Bruchstücke seiner Gewissheiten zusammen: »Ich aber, dachte Helander, ich werde mich nicht aus dem Staub machen können. Irgendein verrückter Eigensinn läßt mich noch an jenen Herrn glauben, der sich in Honolulu oder auf dem Orion befindet, ich glaube an die Ferne Gottes, aber nicht an das Nichts, und deshalb bin ich eine Persönlichkeit, dachte er höhnisch, ich falle auf, und weil ich auffalle, weil ich mich

Morbidität und Selbstanalyse

Gewissheiten

unterscheide, werden mich die Anderen erwischen. Wir unterscheiden uns voneinander, dieser Mensch, der sich Gregor nennt, und ich: er ist zum Nichts verurteilt und ich zum Tode« (151).

Sein Ende – er wird von der **Gestapo** erschossen – offenbart die ihn bestimmenden Grundzüge, die sich auch durch eine Verkehrung von Leben und Tod auszuzeichnen scheinen, noch einmal. »Herrgott, erinnerte er sich plötzlich, die Schrift! Jetzt muß sie doch erscheinen, die Schrift auf der Wand meiner Kirche. Die Schrift, auf die ich mein Leben lang gewartet habe. Er wandte sich um und blickte auf die Wand, und während er die Schrift las, spürte er kaum, wie das Feuer in ihn eindrang, er dachte nur, ich bin lebendig, als die kleinen heißen Feuer in ihm brannten. Sie trafen ihn überall« (156).

Das Ende

Knudsen. Der ältere **Fischer** Knudsen lebt im Spannungsfeld zwischen seiner **ehemaligen engeren Parteigebundenheit,** dem Engagement für die Partei, das er fast ganz abgelegt hat, dem Halt gebenden und notwendigen **Fischereialltag** und der Verbundenheit mit **Bertha**, seiner vierzigjährigen blonden Frau. »Sie hat nur einen kleinen Tick, dachte er« (14). Wegen dieses Ticks hat er Angst, sie als Geistesgestörte in der Vernichtungsmaschinerie der Faschisten zu verlieren, während er auf See ist.

Parteigebundenheit, Fischereialltag und Ehe

Knudsens **Erscheinung** wird von Gregor beschrieben: »Wieder blickte Gregor auf Knudsens Gesicht, aber zum erstenmal nun wirklich aufmerksam. Im Dämmerlicht der Kirche, in der die Schatten zunahmen, war es nicht mehr sehr genau zu erkennen, aber Gregor konnte sehen, daß es hart und flächig war, die Nase stach nicht besonders hervor, es war ein braunes, bartstoppeliges, wettergegerbtes Fischergesicht unter schon grau gewordenen Haaren, nichts leuchtete in diesem einfachen Gesicht, nicht einmal die Augen; sie waren klein und scharf und blau, aber sie leuchteten nicht, sie phosphoreszierten nur, kleine blaue phosphoreszierende Kugeln, in die harte Fläche des Gesichts eingelassen« (48).

Knudsen sorgt sich um die Meinung der Anderen. Was könnten sie denken, wenn er nicht wie selbstverständlich mit seinem Kutter auf See ginge, sondern sich nochmals der Parteiarbeit widmen würde? Dabei zeigt sich seine Angst vor der ›Wahrheit des Alltags‹: Gregor fragt: »Warum tust du dann überhaupt mit?« »Knudsen dachte: weil ich kein toter Fisch sein will. Weil ich die Lust an der Liebe behalten will. Weil es sonst stinklangweilig wird. Aber er sagte nichts dergleichen. Er sagte vielmehr: Wie stehe ich denn vor dem Pfarrer da, wenn ich nicht mitmache? Im gleichen Augenblick wußte er, daß er eine Art Wahrheit ausgesprochen hatte. Der und sein Götze, fügte er erbittert hinzu« (88). In der Begegnung mit einem anderen Fischer, Kröger, wird das **gewachsene Misstrauen**, das Knudsen **im Umgang mit anderen Menschen** bestimmt, deutlich (68).

Knudsen war Kommunist, er wurde von Helander nach der Machtergreifung Hitlers gar »roter Hund« (26) genannt, was seine anfängliche geringe Bereitschaft zum Gespräch mit Helander erklärt. Gegenüber der gelegentlich noch aufrechterhaltenen Parteiverbundenheit wird im Verlauf der Handlung jedoch sein **Ressentiment** deutlich, das inzwischen Oberhand gewonnen hat: »Seit Jahren tue ich nichts mehr für die Partei, brach Knud-

Die »Wahrheit des Alltags«

Ressentiment gegen die Partei

sen aus. Das ist es doch! Es gibt sie gar nicht mehr, die Partei« (31). Helander deutet Knudsens Haltung: »Das war es also. Helander begriff plötzlich Knudsens Weigerung. Seinen Haß gegen die Partei, weil sie versagt hatte. Sein schlechtes Gewissen, weil er nun die Partei haßte. Es ist so ähnlich wie mit mir und der Kirche, dachte er« (31). In einem Gespräch mit Gregor offenbart sich der Parteigenosse als in seinen Gesinnungen längst schwankend gewordener Fischer, dessen Gewissheiten jenseits der Partei in seiner Arbeit liegen: »Auf einmal fühlte er, daß der Teer- und Ölgeruch seines Bootes das einzig Wirkliche in einer Welt voll von gespenstischen Ängsten war, das einzige, woran er sich

Gewöhnliches Leben

halten konnte« (51). Immer wieder ist er **hin- und hergerissen** zwischen seiner **Bindung an die Partei** und dem schlichten **Festhalten am einfachen, gewöhnlichen Leben**: »Nur noch diese Fahrt, dann wird es die Partei nicht mehr geben. Nicht mehr für mich. Dann wird es nur noch die Fische geben, das Boot und die See« (85).

Für den Knudsen, der sich ins Private und auf die Arbeit zurückgezogen hat, führt die Handlung wiederholt zu Störungen, so wenn er in Judith eine Bedrohung sieht: »Wenn ich dieses Frauenzimmer mitnehme, dachte Knudsen, dann ist meine Idee beim Teufel. Die Figur kann ich über Bord werfen, aber das Mädchen nicht« (138).

Dass hinter Knudsens innerlichem wie äußeren Hin und

Menschliche Beweggründe

Her, seiner eigenen Bedrückung durch seine uneindeutige Verhaltensweise mehr und **zutiefst menschliche Beweggründe** stecken könnten, führt Helander mit Bezug auf Gregor und Knudsen an: »Ach so, dachte der Pfarrer, darum handelte es sich also. Das war es, was zwischen den beiden spielte: ein kleines Drama aus Angst, aus Depression, aus Zersetzung. Es war also nicht so, daß diese Partei nur aus Eisernen bestand. Sie bestand aus Menschen, die Angst oder Mut hatten. Diese beiden hatten Angst, und sie hatten es sich eingestanden – daher der Haß zwischen ihnen, ein heuchlerischer Haß. Sie waren noch nicht auf dem Grund ihrer Angst angelangt, dort, wo man sie einfach hinnimmt, still und ohne Vorwurf« (57). Gregor spricht späterhin über die **gestörte Beziehung** zwischen ihnen: »Und dann sprach er das Finstere an, das zwischen ihnen stand, Knudsens Abneigung gegen ihn, Knudsens Haß gegen ihn als Verräter, die Antipathie zwischen zwei Abtrünnigen, die sich gegenseitig auf der Fahnenflucht ertappt hatten; das gemeinsame schlechte Gewissen, das sie trennte« (88 f.).

Dennoch bleibt bemerkenswert, dass es gerade dieser Knudsen ist, der im Verlauf der Handlung **mit seinen eigenen Möglichkeiten**, mit dem Kutter, dazu beiträgt, dass Judith und der Lesende Klosterschüler über die See gebracht werden.

Seine eigenen Möglichkeiten

Judith. Judith ist auf der Flucht. Die **Jüdin**, die den Selbstmord ihrer gelähmten Mutter angesichts des nahenden Krieges und der Judenverfolgung erleben musste, die ihr gutbürgerliches Elternhaus mit Geld aus dem Erbe ihres Vaters verlassen hat, um über den unscheinbaren Ort Rerik über See vor der **Verfolgung durch die Nationalsozialisten** zu fliehen, findet sich zunächst im Fremdenzimmer des ›Wappen von Wismar‹ wieder, wo sie sofort mit den für sie insgesamt nur schwer zu überschauenden Handlungsnotwendigkeiten

Bürgerliche Jüdin auf der Flucht

konfrontiert ist, die aus ihrer jüdischen Herkunft entstehen. Bei ihr zeigen sich die drastischen **Fluchtsymptome** schon in den Schwierigkeiten, die sich bei der Ankunft aus ihrem Namen ergeben. »Judith hörte auf, in ihrer Handtasche zu kramen, und dachte an ihren Namen. Judith Levin. Es war ein stolzer Name, ein Name, der abgeholt werden würde, ein Name, der sich verbergen mußte. Es war furchtbar, Judith Levin zu sein, in einer toten Stadt, die unter einem kalten Himmel von roten Ungeheuern bewohnt wurde« (20). Und tatsächlich nennt Judith sich auch Judith Leffing (20), um ihre jüdische Herkunft zu verschleiern.

Im Denken und Sprechen verfällt sie in eine **doppelte Weltsicht**, wie im Verhalten gegenüber dem Wirt deutlich wird: »Judith spürte seinen Blick. Ein scheußlicher Kerl, dachte sie, so fett und weiß. Ein fetter Dorsch. Herrlich, sagte sie. Ich esse Seefisch gern« (34), und als sie der Wirt nach ihrem Pass fragt, zeigt sich, wie notwendig diese Verdoppelung der Perspektive gerade auf der Flucht ist, bei der sie um Lügen nicht herumkommt: »Auf einmal fühlte Judith, daß sie in der Gaststube eingesperrt war. Rerik war eine Falle. Eine Falle für Seltenes« (35). Die Realität der Gaststube zerrt sie dann auch von den »romantischen Ideen« (35) ihrer Mutter hinweg: »Bringen Sie mir nur Ihren Paß, sagte er mit einer Stimme, die so weiß war wie sein Gesicht, sonst muß ich heute Nacht klopfen und Sie aus dem Bett holen! Judith war sehr jung, aber sie begriff plötzlich, für welchen Preis sie es vergessen durfte, dem Wirt ihren Paß zu geben. Abscheulich, dachte sie« (36). Als Strategie für ihr Verhalten gegenüber dem Wirt resümiert sie: »Die kindliche Tour, dachte Judith, ich muß die kindliche Tour schieben« (36). Wiederholt spielt sie in Gedanken **ihre Möglichkei-**

Ihre Möglichkeiten der Rettung

ten durch, die sich zunächst auf Nahziele erstrecken: »Vor dem habe ich eine Weile Ruhe, dachte Judith. So lange, bis er an die Tür klopft. Oder bis ich mich aus dem Haus geschlichen habe. Es muß einen Hinterausgang geben. Aber wohin soll ich von hier aus gehen? Den Koffer kann ich dann nicht mit mir nehmen« (73 f.).

Doch die Verstrickung in unvollendete Handlungen angesichts der unsicheren Lage bleibt. Sie wiederholt unreflektiert **Gewohnheiten ihrer Jugend**, ohne Erfüllung in ihnen finden zu können: »Heute konnte sie nicht lesen. Sie blickte nur auf die Seiten« (34). Auch in ihren Erwartungshaltungen wird sie von der Vergangenheit und ihren Sehgewohnheiten eingeholt: »Sie sah die ganze Schäbigkeit dieses kleinen, ausgedienten Dampfers, seine nachlässige Bemalung mit den großen roten Mennigflecken, die im Licht grell leuchteten – die Reederei steckte kein Geld mehr in einen richtigen Anstrich –, die peinliche Sauberkeit der grau gewordenen Holzplanken des Decks, das erblindete Messing irgendeines Beschlags« (61 f.). Doch die Ankunft des schwedischen Dampfers beflügelt ihre Phantasie in neue Richtungen, die es ihr erlauben, von den Problemen des Fremdenzimmers wegzudenken, freilich nicht ohne dass sie auch hierbei in die Denkgewohnheiten der Zeit vor ihrer Flucht zurückfällt: »Es gibt auf diesem Dampfer keine Offiziere, dachte Judith, keine gebildeten Männer, an die ich mich wenden kann; in ihrer Vorstellung tauchte das Bild eleganter blaugekleideter Seeoffiziere auf, mit goldenen Streifen an den Ärmeln, ein schmissiges Plakat von Herren, Kavalieren mit intakten Ehrgriffen, schweigend bereit, den Schutz einer Dame zu übernehmen. Sie wischte das Bild weg. Es gab Lederjacken, denen man Geld anbieten mußte« (62).

> *Flucht und Gewohnheit*

Judith wird sich in Rerik zunächst als **innerhalb ihrer Möglichkeiten Gefangene** bewusst: »Es ist gänzlich Nacht geworden, dachte Judith, in das Dunkel am Rand des Lichtkreises zurückgezogen, in ein Schattensegment zwischen dem einen Lampenrund und dem nächsten, und kalt ist es auch und ich kann nicht ins Hotel zurück, weil ich meinen Paß nicht herzeigen kann. Aber ich kann auch nicht den Koffer einfach oben im Zimmer stehenlassen und verschwinden, er ist das letzte, was ich besitze, und außerdem würde mich das verdächtiger machen, noch verdächtiger, als wenn ich ihn jetzt abhole und fortgehe. Und dann gibt es noch die Möglichkeit, den Wirt nachts klopfen zu lassen. Er verschafft mir dann vielleicht auch eine Möglichkeit, von hier fortzukommen; er ist einer, der alle Wege kennt« (65).

Innerhalb ihrer Möglichkeiten gefangen

Schließlich lässt sie sich von dem jungen, angetrunkenen Steuermann des schwedischen Bootes zu einem Whisky auf das Schiff einladen. Dabei löst sich die Situation selber schließlich skurril auf. Offensichtlich sind weder Judith noch der Steuermann an einem echten **Rendezvous** interessiert: »Nach einer Weile sah Judith auf ihre Armbanduhr; es mußte schon eine Viertelstunde vergangen sein, seit sie hier saß. Es ist ganz klar, dachte sie, er will mich los sein. Ich soll gehen. Er hat auf einmal Angst vor seinem Mut bekommen, Angst vor seinem Kneipenmut, vor seinem Kneipenverlangen, er hat gar nicht damit gerechnet, daß es so leicht sein würde, aber es war leicht, ich war ein leichtes Mädchen, und nun ist ihm die Sache peinlich, er ist in Wirklichkeit ein ordentlicher junger Mann aus einer ordentlichen Familie« (79).

Rendezvous

Echte Hilfe wird sie von Gregor erhalten, der sie sofort als eine Jüdin auf der Flucht identifiziert: »Gregor erkannte das Gesicht sofort; es war eines der jungen jüdischen Gesichter, wie er sie im Jugendverband in Berlin, in Moskau oft gesehen hatte. Dieses hier war ein besonders schönes Exemplar eines solchen Gesichts. Und außerdem war es auf undefinierbare Weise von den Gesichtern, an die es Gregor erinnerte, verschieden« (59).

Echte Hilfe durch Gregor

Nachdem sie sich zunehmend auf sich selber besonnen hat, auch ihren Koffer und ihre Utensilien, »die hübschen Toilettensachen« (103) und selbst das Bild der Mutter wird sie schließlich zurückgelassen haben, gipfelt ihre eigene **Ausweglosigkeit** zunächst darin, dass diese von Gregor, dem nächtlichen Passanten, dem sie auf der unbewussten Suche nach Hilfe begegnet, auch noch formuliert wird. Sie entäußert so quasi gar ihren letzten eigenen Gedanken: »Judith fuhr herum. Das also war das Ende. Man sprach eiskalt und höhnisch den Gedanken aus, den sie in diesem Augenblick gedacht hatte, den einzigen Gedanken, den zu denken sie noch in der Lage war, – man hatte sie erwischt. […] Was haben Sie denn jetzt vor?« (101 f.).

Ausweglosigkeit ihrer Situation

Als sie sich schließlich mit Gregor in der Kirche und vor dem Lesenden Klosterschüler wiederfindet, hört der Leser sie sagen: »Das ist eine sehr wertvolle Plastik. So wertvoll, bemerkte er spöttisch, daß Sie die Chance haben, von diesem Burschen aus Holz mitgenommen zu werden. Als Draufgabe sozusagen. Er ist uns nämlich wichtiger als Sie« (111). In dieser unverblümten, leicht spöttischen Art, mit der Gregor sie anspricht, verbirgt sich noch jene unvermittelte Hilfe, die sie

Fluchthilfe

durch seine Unterstützung erhalten wird. Klar bringt er den Plan auf den Punkt: »Aber Sie müssen jetzt weg! fügte er hinzu. Sie müssen weit draußen sein, ehe es dämmert; wir haben schon zuviel Zeit verloren. Judith schüttelte den Kopf. Nein, sagte sie, ich kann dem Mann nicht sein Boot wegnehmen. So geht es nicht, wie Sie es sich gedacht haben« (140). Und doch **wird ihre Flucht** nach Skillinge mit Hilfe und Unterstützung der anderen **gelingen**.

Weitere Figuren. Neben den fünf Hauptgestalten treten weitere Figuren, teils als Statisten, teils mit eigener Handlungsberechtigung auf, die auch Aufschluss über die zeitbedingte Verfasstheit geben. Erwähnt werden **Huckleberry Finn** (7) als literarisches Vorbild des Jungen; der **Küster** (39); **Brägevoldt** (12), **Elias** (15), **Kröger** (68) sowie drei weitere namentlich genannte **Fischer** (15), die zu den früheren Parteigenossen zählen; **Bertha**, Knudsens »hübsche Frau von vierzig Jahren« (13), die »ein wenig geisteskrank« (58) ist; der **Wirt** des ›Wappen von Wismar‹, »ein Block mit einem weißen, fetten Gesicht« (20), dessen **Hausknecht** (17); der **»Herr Konservator«** aus Rostock, »ein Geschickter, Wendiger, ein Karrierist, der sich durchschlängelte, einer, für den es nur Taktik gab und der im übrigen ›das Beste wollte‹« (28); der **Probst von Skillinge** (30), ein Freund Helanders, zu dem Helander den Lesenden Klosterschüler bringen lassen will; die **Mutter des Jungen** (52); zwei **Polizisten** an der Anlegestelle (62); sieben oder acht **Schweden** (70), die sich im ›Wappen von Wismar‹ einfinden, unter ihnen der **Steuermann** (78); »ein paar **Einheimische**« (71) als weitere Kneipengäste sowie eine **Kellnerin** (71); der **Arzt Frerking** (93), der Helander nach Rostock zu **Professor Gebhard** (93) schickt; **Franziska**, Gregors ehemalige Geliebte (113); die **Männer,** die Helander holen kommen (155) und dessen **Haushälterin** (155). Diese Aufzählung nennt aber keineswegs alle beispielsweise in Gedanken oder Träumen vorkommenden Gestalten oder im Roman erwähnte Personen der Weltgeschichte.

4. Werkaufbau

Angesichts der **37** aufeinander folgenden, unterschiedlich ausführlich gehaltenen **Episoden** ist es be-

37 einzelne Episoden

merkenswert, dass nach spätestens zwei von ihnen wieder eine **Episode des Jungen** eingeschoben wird. Im Gegensatz zu den anderen Figuren, die auch zu zweit oder zu dritt in den Überschriften genannt werden, tritt er in seinen 19 Kapitelüberschriften jeweils nur alleine auf, wobei der entsprechende Text selten mehr als eine Buchseite umfasst. Die Vielzahl der ihm gewidmeten Episoden bestätigt auf formaler Ebene seine inhaltlichen Abgrenzungsversuche gegenüber den Erwachsenen und signalisiert gegenüber den verbleibenden 18 anderen die Wichtigkeit seiner Person, wie sie sich auch während der Flucht im Ruderboot zeigt.

Neben der **quasi-szenischen Abfolge** der einzelnen Episo-

Zeit und Handlungsstruktur, Erzählperspektive

den lässt sich für die gesamte Erzählung mit dem Ort Rerik, der **erzählten Zeit von etwa einem 24-Stunden-Tag** (1937) und der geschilderten **Ver- und Entflechtung der fünf Hauptfiguren** die **Einheit von Zeit, Ort und Handlung** als dramatisches Strukturelement beschreiben.[2] Rhys Williams bezeichnet die »Begrenzung der Erzählperspektive auf den Wahrnehmungs- und Reflexionsbereich einer kleinen Gruppe von Charakteren« als »Prinzip der ›parallelen Figurenführung‹«,[3] auch »simultane Figurenführung« genannt, »eine Technik«, die ungewöhnlich, aber plastisch auch als »epische Kristallisation«[4] beschrieben wird.

Die folgende formalisierte Kurzübersicht gibt die **Abfol-**

ge der Kapitel wieder, indem die Anfangs-
buchstaben für den Jungen (J), Gregor (G),
Helander (H), Knudsen (K) und Judith (Jd)
genannt werden: J, G, J, H, J, K, J, Jd, J, G, J, H+K, J, Jd, J, G,
J, K+G, J, H+K+G, J, Jd+G+K, J, Jd, J, G+K, J, H, J, Jd+G+H,
J, Jd+G, J, K+G+Jd, J, H, J.

Kapitelabfolge

    Peter Demetz stellt **das Verfahren**, das Andersch anwen-
det, um menschliche Freiheit zu beschrei-
ben und Historischem und Politischem sein
Recht zukommen zu lassen, wie folgt dar:

Erzählverfahren

»Er verknappt, wie einer, der Filmstreifen zurechtschneidet,
und konzentriert sich in seinen 37 Erzählabschnitten (die in
Mehrheit kürzer sind als übliche Romankapitel) darauf, die
Denkvorgänge seiner Figuren zu registrieren; und selbst
dort, wo in einem traditionellen Roman die Beschreibung
einer Person oder der Natur die Aufmerksamkeit des Lesers
an sich zöge, schreibt er anders und zeigt uns, wie sich das
Gesicht eines Menschen oder einer Wolke überm Haff im
antwortenden Bewußtsein einer Figur spiegelt – was immer
wir von dieser Welt, ihren Verhältnissen und Dingen erfahren, ist schon in ein Bewußtsein hineingenommen, und der
Erzähler neigt dazu, nicht von der Welt selbst, sondern vom
Erscheinen dieser Welt im Bewußtsein seiner fünf Haupt-
personen zu sprechen. Die Art und Weise, wie Andersch erzählt, sagt selbst schon Entscheidendes darüber aus, wie es
in einer deutschen Kleinstadt an der Ostsee, im Oktober
1937, wirklich zugeht: die Öde regiert, die Menschen sprechen selten miteinander, weil sie einander nicht mehr trauen,
und die Denkenden denken für sich allein.«[5]

5. Wort- und Sacherläuterungen[6]

[Motto] 5,2 **in Wassergewinden:** im Wasserkleid, -geflecht, im Wasserstrudel.

[Motto] 5,4 **die ans Rad man flicht:** im Mittelalter zur Hinrichtung dienendes Rad, auf das man den Verurteilten mit zerschmetterten Gliedern band.

[Motto] 5,7 **Einhorn:** mythisches, pferdeähnliches Wesen mit einem Horn auf der Stirn.

[Motto] 5,8 **zerspellt:** zerspalten, zersplittert.

7,4 **Huckleberry Finn:** Abenteuerroman von Mark Twain (1835-1910).

7,10 **Gerberei:** Handwerksbetrieb, in dem Tierhäute zu Leder verarbeitet werden.

8,2 **makadamisierte Straße:** Makadam: Straßenbelag aus Schotter, Splitt und grobem Sand, nach dem Schotten John C. MacAdam.

8,21 f. **Ultramarin:** leuchtend tiefblau, (lat.) *ultra marinus* ›von jenseits des Meeres‹.

8,31 **Rerik:** Ort an der Ostseeküste.

9,20 **lanzettförmigen:** Form wie die einer Lanzenspitze.

10,31 **reisigen:** zur Heerfahrt gerüstet, schwer bewaffnet.

12,8 **unter dem Land:** in Ufernähe.

Senknetz: Netz, das zum Fischfang gesenkt und wieder gehoben wird.

12,27 **Patience:** Geduldsspiel mit Karten.

12,31 **Instrukteure:** jemand, der Instruktionen erteilt.

13,1 **Püttscherkram:** Kleinkram, zu (nddt.) *Püttscher*: Umstands-, Kleinigkeitskrämer.

13,5 **auf den Dorsch:** zum Dorschfang.

18,19 **Holzsteamer:** Holzdampfer.

18,21 **Faible:** Vorliebe.

20,21 **hanseatisch:** hansestädtisch, hamburgisch (zu Hanse: ehemaliger Handelsverbund von Städten).

21,26 **Moräne:** von einem Gletscher mitgeführtes Schuttmaterial, Hügel.

22,20 **Wedding:** Berliner Bezirk.

22,22 **Siemensstadt:** Berliner Siedlung in Charlottenburg und Spandau zwischen der Spree und dem Hohenzollernkanal.

22,35 **desertieren:** sich unerlaubt (von der Truppe) entfernen.

27,3 **Verdun:** blutiger Kampfplatz des Ersten Weltkriegs.

27,33 **Skillinge:** Ort an der schwedischen Südküste.

28,21 **Götzen:** gottgleich verehrte Bilder oder Gegenstände.

28,23 **magaziniert:** erfasst, eingeordnet, gespeichert.

28,29 **konservieren:** bewahren, vor Verfall schützen.

28,31 **einzuwecken:** einzukochen.

29,24 **Vierung:** der aus Langhaus und Querschiff einer Kirche gebildete Raum der Kirche, meist quadratisch.

30,6 **Probst:** Titel für kirchlichen Amtsträger.

31,5 **mennigroter [...] Fleck:** roter Fleck. Mennige: rote Rostschutzfarbe mit Bleioxid.

33,28 **Baedeker:** Kulturreiseführer.

34,34 **Klüterkram:** (nddt.) Klümpchenkram.

39,3 **Tenne:** Platz mit festem Untergrund zum Dreschen des Getreides, oft in der Scheune.

43,6 **Papirossi:** Papirossa: (russische) Zigarette mit langem, hohlem Mundstück aus Pappe.

48,9 f. **phosphoreszierten:** leuchteten nach Lichteinwirkung noch nach.

49,19 **Steamer:** (engl.) Dampfer.

49,20 **Oranienburg:** Konzentrationslager der Nationalsozialisten.

57,9 **Fisimatenten:** Ausflüchte, Umstände.

59,2 **Schoten:** Leinen, mit denen die Segel die zweckmäßigste Stellung zum Wind erhalten.

60,17f. **Besanschots:** Besan: Gaffelsegel am Besanmast; dessen Segel hält das Schiff in gleichmäßiger Fahrt.

60,20 **Nocks:** über das Segel hinausragende freie Enden der Spieren.

62,13 **Kavalieren:** Kavalier: höflicher, zuvorkommender, taktvoller Herr.

63,18 **Trenchcoat:** Herrenmantel mit Kragen, Schulterklappen und Gürtel.

65,7 **Email**flächen: meist auf Metallflächen zu deren Schutz aufgeschmolzene Glasmasse.

65,12 **Dogma:** feststehender Lehr- oder Glaubenssatz.

68,10 **Ankerspill:** Ankerwinde.

72,24 **einen distinguierten Gast:** einen sich auszeichnenden, hervorhebenden Gast.

74,12 **Zarah Leander:** schwedische Schauspielerin und Sängerin.

76,7 **Scotch:** aus Gerstenmalz gebrauter schottischer Whisky mit Rauchgeschmack.

78,27 **Mahagoniholz:** wertvolles, rosa-rotbraunes hartes Holz des Mahagonibaumes.

81,33 **Tom Sawyer:** Figur in Mark Twains Roman *Huckleberry Finn*.

81,34 **Die Schatzinsel:** Roman von Robert Louis Stevenson (1850–94).
Moby Dick: Roman von Hermann Melville (1819–91).

81,34f. **Kapitän Scotts letzte Fahrt:** Gemeint ist das Tagebuch des bei seiner Südpolexpedition ums Leben gekommenen britischen Polarforschers Robert F. Scott (1868–1912).

Oliver Twist: Roman von Charles Dickens (1812–1870).

Karl-May-Bände: Karl May (1842–1912), Schriftsteller, Autor von Abenteuerromanen.

86,22 **Doberan:** Ostseehafenstadt östlich von Rerik.

93,4 **Haff:** vom offenen Meer durch eine Landzunge o. ä. abgeteilter, flacher Meeresbereich.

95,18 **Martyriums:** Martyrium: Leiden, große Qual.

98,30 **Toccata:** (ital.) Vorspiel, frei gestaltetes, in der Form nicht gebundenes Musikstück.

99,24 **deus absconditus:** der verborgene Gott.

104,2 **Leinpfad**villa: Treidelpfad, Pfad neben einem Gewässer, auf dem meist Pferde Kähne über das Wasser zogen.

104,3 **Degas:** frz. Maler, Grafiker und Plastiker.

104,4 **Chrysoprasgrün:** apfelgrüne Abart des Chalzedons, eines Schmucksteines.

106,2 **Aura:** Ausstrahlung.

107,2 **Lettner:** Trennwand zwischen Chor und Mittelschiff mittelalterlicher Kirchen.

110,16 **Nonchalance:** Nachlässigkeit, Ungezwungenheit.

111,13 **konfisziert:** beschlagnahmt.

113,19 **dialektischen Materialismus:** marxistisch-leninistische Weltanschauung, Lehre vom gesetzmäßigen Verlauf der Geschichte.

114,9 **bourgeoises:** wohlhabendes, selbstgefälliges, dem wohlhabenden Bürgertum angehöriges.

120,4 **schwoite:** schwojen: sich vor Anker drehen.

123,27 **Dollen:** seitliche Halterung für Ruder an der Bordwand.

133,30 **Tjalk:** einmastiges Küstenfahrzeug.

141,35 **Buhne:** dammartiger Küsten- oder Ufervorbau, an dem sich die Wellen brechen.

143,30 **Furt:** flache, seichte Stelle im Wasser, durch die man das andere Ufer erreichen kann.

144,5 **scharlachroter Streifen:** hellroter Streifen.

148,19 f. **Rotsponabenden:** vom Fass gezapfter Rotwein.

155,27 **Ulster:** zweireihiger Herrenmantel.

157,2 **unter der Küste [...] 'rum:** an der Küste entlang.

157,8 **klarieren:** verzollen, zum Zoll angeben, dadurch klar machen.

158,6 **Döbel:** Dübel.

6. Interpretation

Der 1937 spielende Roman *Sansibar oder der letzte Grund* lässt sich nicht ohne Wissen um die **Grundthemen der Zeit** verstehen. Schon die **Atmosphäre** des Romans, die sich als düster beschreiben lässt, verweist auf **Faschismus und Krieg**, die ›dunklen Kapitel‹ der deutschen Geschichte als **Ermöglichungszusammenhang**[7] für die geschilderten Handlungen. Anders als eine schlichte Erzählung beispielsweise über den Alltag in einem Ostseeferienort (wie ihn Judiths Mutter erinnert haben könnte, 18) bezieht sich der Roman auf ein Vorwissen um Zeitthemen, die sich unvollständig mit **Krieg, Verfolgung, Tod und Vernichtung, Unsicherheit, Ungewissheit, Schicksalsschlägen**, aber auch den Erfahrungen und Einsichten nach dem Kriegsende 1945 und anderen **kollektiven Erfahrungen** beschreiben lassen: »ein glücklicher Tag in Rerik war sicher ganz anders als ein Tag auf der Flucht in Rerik, unter einem leeren Spätherbsthimmel« (18). Erst auf diesem Hintergrund lassen sich die **individuellen Handlungsweisen** der fünf Hauptfiguren **als typisierte Verhaltensweisen** vollständig verstehen. Die mit den herausragenden Figuren zugleich vorgeführte Individuierung und Vereinzelung, so eine

> Individuelle Handlungsweisen als typisierte Verhaltensweisen

These, lässt sich als **Komplementärzug zur totalitären Entwicklung** in Deutschland verstehen und im Roman als deren Schilderung und **Überschreitung im gemeinsamen Handeln** begreifen. Der umfangreichen und ausführlichen Erzählung, die in vielen Einzelepisoden zunächst die Figuren vorstellt, um von deren anfänglich statischen Erscheinungsbildern eine sich um den Lesenden Klosterschüler rankende Entwicklung und Handlung einzuleiten, entspricht eine nur sehr knapp gehaltene erzählte Zeit im Umfang von etwa 24 Stunden (ungefähr Mittag des einen Tages bis Mittag des nächsten Tages).

Motivkreise

Der Titel

Andersch selber hat dem Roman *Sansibar oder der letzte Grund* zunächst den Arbeitstitel *Graues Licht* gegeben.[8]

Grundsituation und Grundstimmung

Dieser Arbeitstitel passt hervorragend zur **Grundsituation,** in der die Handlung spielt. Ähnlich wie in einem gemalten Bild der Hintergrund die Grundstimmung erzeugt, gibt das Rerik des Romans einen Hintergrund ab, der die Romanhandlung in tristen, eben grauem, nicht hellem oder klarem Licht erscheinen lässt (vgl. auch die Sicht Gregors, 144). Die einzelnen Figuren treten dabei in ihrer Eigenheit aus dem Bild hervor, wie der Junge, der Pfarrer oder Knudsen, oder, wie Gregor oder Judith, quasi von außen in die Szenerie ein.

Andersch hat mit dem Titel *Sansibar oder der letzte Grund* die Akzentuierung des veröffentlichten Romans verändert, weg von der künstlerischen Gestaltung hin zu inhaltlichen Momenten, die sich an der **Figur des Jungen** festmachen, aber auch **über sich selber hinausweisen.** Für den Jungen gibt es drei Gründe, warum er aus dem kleinen Ort Rerik heraus will: »Der erste Grund lautete: weil in Rerik nichts los war. Es war tatsächlich überhaupt nichts los« (9).

Drei Gründe

Die ewige Wiederkehr des Gleichen hemmt den Jungen, der voller Tatendrang und Hunger nach Entwicklung ist. Gegenüber dem rhythmischen Einerlei des Arbeitsalltages und der ihm zur Genüge bekannten sonstigen Lebensabläufe heben sich seine **Träume** und **Visionen**, aber eben auch seine **Möglichkeiten** als Möglichkeiten der Entwicklung gegenüber der als dumpf erlebten Stagnation wohltuend ab. Insofern hier die Möglichkeit von Entwicklung als **Öffnung** und **Fortschreiten** verstanden wird, greift dieser erste Grund über die bloß individuelle Situation des Jungen hinaus, offenbart eine altersspezifische Verfasstheit, bleibt aber auch bei dieser nicht stehen, sondern verweist mit dem Aufzeigen von prinzipieller Veränderbarkeit auf die **Lebendigkeit des Lebens** überhaupt.

Träume, Visionen und Möglichkeiten

Der zweite Grund für eine Flucht aus Rerik scheint zunächst ein sehr individueller Grund zu sein. In den Augen der Dorfbewohner ist sein **Vater** ein Säufer gewesen, sie haben ihm, der auf offener See umkam, kein Andenken bewahrt. Der Junge hingegen ist stolz auf seinen Vater, der mehr gewagt habe als die anderen Fischer, indem er die stupiden Arbeitsabläufe durchbrochen und sich mit seinem Kutter auch einmal über die Küstenregion hinweg auf See hinauswagte. Er grenzt sich von den Dorfbewohnern ab: »Nicht einmal eine Tafel haben sie für ihn in die Kirche gehängt […]. Ich hasse sie alle, und das ist der zweite Grund, warum ich von Rerik weg muß« (12). Gegenüber der sehr individuellen Deutung als **biographische Klärung** des Jungen kann diese Haltung aber auch als prinzipieller Umgang mit der Vergangenheit gesehen werden. Vergangenheit wird erst fassbar, wenn sie formuliert wird. Der Junge führt

Biographische Klärung

vor, dass die **Deutungen von Vergangenheit** nicht statisch
sein müssen, sondern hinterfragt werden können. Gegenüber den abwertenden Deutungen der Mitmenschen er-
forscht er die **tieferen Motive** für das Handeln seines Vaters.
Dabei zeigt er, dass Vergangenheit im Blick auf die Zukunft
hin sinnvoll umgedeutet werden und Relevanz für das eigene Handeln gewinnen kann.

Die vorgenannten beiden Gründe, die den Jungen bewegen, sind Gründe, die sich eher als eine **Form der Abgrenzung**, als Reaktion, als Rückzug beschreiben lassen. Sie setzen dem als unerträglich empfundenen stagnierenden Sein
dessen Nichtung entgegen, ohne schon positive Gründe für
ein Handeln ausfindig machen zu können. Erst **der dritte Grund**, jenes im Titel *letzte Grund* genannte Motiv,
setzt Ziele, die über eine bloße Fluchtbewegung hinaus-
gehen: »Auf einmal fiel ihm der dritte Grund
ein. Während er auf Rerik blickte, dachte er,
Sansibar, Herrgott, nochmal, dachte er, Sansibar und Bengalen und Mississippi und Südpol. Man
mußte Rerik verlassen, erstens, weil in Rerik nichts los
war, zweitens, weil Rerik seinen Vater getötet hatte, und
drittens, weil es Sansibar gab, Sansibar in der Ferne, Sansibar hinter der offenen See, Sansibar oder den letzten
Grund« (82). Schon zuvor hatte der Junge den Mut seines
Vaters, über die Küstenregion hinaus auf die offene See zu
fahren, beschrieben. Mit der Setzung, dass **Bewegung** und
Entwicklung nicht nur Flucht bedeute, sondern dass dem
Weg auf die offene See auch ein **Ziel jenseits der See** korres-
pondieren müsse, geht der Junge selber noch einen Schritt
über die Verhaltensweise des Vaters hinaus. Er entdeckt
in **existenzieller Betroffenheit**, dass es, über die bloße
Nichtung des stagnierenden Seins, das seinen Vater in den

Sansibar

Alkohol und den Tod getrieben hatte, eine **positive Setzung hinter dem Horizont** geben müsse. Diese Möglichkeit ist die Möglichkeit, sein eigenes Sein zu ergreifen und sich **in Freiheit auf ein Etwas hin** zu entwerfen. Der

Entwurf in Freiheit

Junge erkennt seine Situation als Situation, die in ihrer scheinbaren Faktizität (ähnlich wie die Vergangenheit) in Freiheit überschritten sein will, um sich verantwortungsvoll auf etwas Neues hin zu entwerfen. Mit der Formulierung des dritten Grundes beschreibt der Junge gleichzeitig auch erkenntnistheoretische Prämissen, die eine Vielzahl von Sinneseindrücken (gegenüber dem beschränkten Reriker Horizont) als konstitutiv für das Erkenntnisvermögen bestimmen.

Den Überlegungen und Visionen des Jungen korrespondiert gegen Ende des Romans sein **Verhalten**. Verantwortungsbewusst übernimmt er bei der Flucht die **Initiative** und führt das kleine Boot trotz der Gefahr, entdeckt zu werden, sicher zum Kutter. Auch das, was sich für ihn in konkreter Form nach der Landung an der schwedischen Küste anschließt, entspricht zunächst seinen Überlegungen, freilich ohne den visionären Überschuss der literarisch und geographisch bestimmten Orte in Übersee. Fraglich bleibt an dieser Stelle, wo der ›visionäre Überschuss‹ geblieben ist. Alle Überlegungen des Jungen deuten auf jene großen Ziele in Übersee hin, fern der Küstenregion. Konkret ergreift er seine Freiheit **in den Wäldern Schwedens**, quartiert sich wohl nur für

Schweden

wenige Stunden in eine Hütte ein, »Mensch, dachte er, das ist ein Land, hier lassen sie die Türen ganz einfach offen« (157).

Dann jedoch deutet er seine im Handeln ergriffene Frei-

heit um. Er macht sich gedanklich wieder abhängig und formuliert, dass er erst wirklich frei sei, wenn Knudsen abgefahren sei, und macht sich auf den Weg, um zu entdecken,
dass der Kutter noch daliegt. Deutungsmöglichkeit eins
für dieses **widersprüchliche Verhalten**: Er

*Widersprüch-
liches Verhalten
des Jungen*

hat nicht die volle Freiheit ergriffen, sondern ist in seinen **Trott** zurückgefallen.
Deutungsmöglichkeit zwei: Er hat das Gespräch mit Judith ernst genommen und ist
sich seiner Verantwortung für Knudsen und seine Mutter,
die er zunächst weit von sich gewiesen hat (146 f.), bewusst
geworden. Allerdings hat er schon früher von den eigenen
Möglichkeiten in Abgrenzung von Knudsen gesprochen
(25) und Knudsen nach der Schlägerei mit Gregor sogar geradezu verraten (140). Deutungsmöglichkeit drei (die zwei
nicht ausschließt): Er hat sich als denjenigen bestimmt, der
in Freiheit jenes Leben bejaht, für das Knudsen, auch in
seinen durch die Flucht erweiterten Möglichkeiten steht.
Damit hätte er die Formulierung des letzten Grundes, fortzugehen, um die Möglichkeit, in gewonnener Freiheit zu
bleiben, ergänzt. Er bejahte damit gerade jene **grundstän-
dige Form des Lebens und des Miteinanders,** wie es sich
in der gemeinsam arrangierten Flucht bewährt zu haben
scheint. Greift man etwas weiter über den Text hinaus,
könnte man das Verhalten des Jungen auch so beschreiben,
dass er sich selbst in den Möglichkeiten seiner Freiheit erkannt hat und dass die Formulierung des letzten Grundes
doch nur ein weiteres Argument für eine Flucht gewesen
wäre. Demnach hätte er die Unausweichlichkeit erkannt,
sich selber in Freiheit und im Bewusstsein der Verantwortung als denjenigen zu setzen, der nicht flieht, sondern sich
für diese Situation entscheidet und diese bejaht: »Der Junge

blickte nicht mehr in den Wald zurück, als er den Steg betrat. Er schlenderte auf das Boot zu, als sei nichts geschehen« (159). Den Ideen für eine **äußere Entwicklung** des Jungen, welche die Situation in Rerik, die sehr beengt erscheint, in der Formulierung des letzten Grundes um die **Perspektive der ganzen Welt** erweitert hatten, entspräche damit die **innere Entwicklung zum Bewusstsein der Freiheit** und zur elementaren Verantwortung für diese Freiheit. Wie Sartre formuliert: »Es gibt Freiheit nur *in Situation*, und es gibt Situation nur durch die Freiheit.«[9] Zu diskutieren bleibt, ob der Junge mit diesem Schritt nicht doch hinter dem konkreten

> Freiheit in Situation, Situation durch Freiheit

Gehalt der einstigen Visionen, nämlich dem Aufbruch in die Welt, zurückbleibt und sich nicht selber den zuvor abgelehnten Gedanken und Lebenswelten der Erwachsenen anpasst. Ob Überlegungen, die Verantwortung für andere, wie seine Mutter oder den Fischer Knudsen, zu übernehmen oder die Eingebundenheit in das berufliche Milieu eine Rolle für seine Entscheidung zur Rückkehr gespielt haben, muss auch dahingestellt bleiben.

Die Partei

Bemerkenswert ist zunächst, dass im Roman »die Partei« zwar verständlich als kommunistische Partei durchscheint, aber, wenn von ihr gesprochen wird, wenig mehr gesagt wird als »die Partei«. Umgekehrt wird über die Faschisten oder die NSDAP auch nur in der Kurzform »die Anderen« berichtet.[10] Schon dieser einzelne Befund lässt den Schluss zu, dass anderes im Vordergrund steht als eine genuin politische

> »Die Partei« und »die Anderen«

Auseinandersetzung oder eine umfassendere gesellschafts-
kritische Analyse des »Dritten Reiches« auf der Ebene der
offiziellen Erscheinungsformen von totalitärem Unrechts-
staat und Widerstandsbewegung. Zentral
sind demgegenüber vielmehr die **einzelnen**
Persönlichkeiten, ihre **zwischenmensch-**
lichen Beziehungen, die sich zunehmend
jenseits bestimmter Organisationsformen konstituieren,
und die Gestaltung des **lebensweltlichen Alltags in einer**
Zeit totalitärer Bedrohung. »Denn der Nationalsozialismus wird in diesem Roman nicht als konkreter politischer
Faktor behandelt, sondern fungiert als anonyme Macht der
totalen Bedrohung des Menschen als Sinnbild der Tyran-
nei.«[11] Gerade dadurch, dass der Nationalsozialismus und
Faschismus mit seinen Erscheinungsformen ausgeblendet
wird (abgesehen von der Situation, in der Helander seine
letzte Tat vollbringt) und die eigentliche Gegnerschaft im
Hintergrund des Geschehens verbleibt, wird Solidarität ver-
hindert und Misstrauen genährt.

Individualität
gegen Anonymität

    Wenn wiederholt von »der Partei« die Rede ist: Was
macht »**die Partei**« im Roman aus? Welche Rolle spielt sie
für die Handlung? Welche Rolle für die einzelnen Figuren?

    Zu Beginn der Handlung erfährt der Leser am Rande
über den politischen Verlauf in Rerik nach
der Machtergreifung der Nationalsozialisten **1933 bis zur Situation 1937**, in der man
nicht mehr über »die Partei« spreche (15): »Es war merkwürdig zugegangen: zwei Jahre Vorbereitung auf die Illegalität, dann zwei Jahre des Zusammenhaltens, darnach Stagnation. Und nun, im Jahre 1937, da niemand mehr viel be-
fürchtete, zogen die Anderen plötzlich die Schraube an.
Man hörte von Verhaftungen in Rostock, in Wismar, in

Vor 1937

Brunshaupten, an der ganzen Küste« (15). In der Konsequenz haben sich die meisten Parteigenossen in Rerik von der Partei zurückgezogen: »Die Anderen mußten sich darauf verlassen können, daß nicht mehr über die Partei gesprochen wurde. Wenn nicht mehr über sie gesprochen wurde, gab es die Partei nicht mehr« (15).

Am einfachsten ist wohl die Frage zu beantworten, für wen die Partei noch Bedeutung hat. Ganz offensichtlich wird **Gregor als Verbindungsmann**, der den Kontakt hält, vorgestellt. Er sucht **Knudsen, den sich zurückziehenden Kommunisten,** auf. Für Gregor hat die Partei vor seiner Zeit in Rerik konkrete Bedeutung ge-

> *Verbindungsmann Gregor, Kontaktmann Knudsen*

habt. Er besuchte die Lenin-Akademie, nahm als Begleiter an Manövern der Roten Armee auf der Krimhalbinsel teil und ist durch Lektüre einschlägiger Literatur kommunistisch sozialisiert. Auch dass er jenseits seiner Decknamen keine weitere Identität als die Beziehung zur Partei offenkundig werden lässt, weist auf ihre immense Bedeutung in seinem Leben hin. Demgegenüber ist der Kontaktmann Knudsen zwar noch parteigebunden, zieht sich jedoch angesichts der drohenden Verfolgung bis hin zu Internierung, Siechtum und Ermordung im KZ auf seine familiäre Identität zurück.

Während Gregor seine Anweisungen unmittelbar von der Partei erhält, tritt sie anderen gegenüber, wie Knudsen, nur mittelbar auf. Doch so konkret, wie die Partei Gregor Handlungsanweisungen gibt, so abstrakt wird sie im Rahmen der Erzählung nur als **Kollektivsingular** angeführt, dem **keine menschlichen Individuen** mehr zu entsprechen scheinen. Lediglich Gregor erwähnt zu Beginn

> *Abstrakter Kollektivsingular »die Partei«*

der Erzählung »die Leute« im Zentralkomitee, die jedoch weit **weggerückt von konkreten Wirklichkeitsvollzügen** ihr Dasein verbringen und die demgemäß selbst dem unmittelbaren Verbindungsmann Gregor bei seinem Eintreffen in Rerik als entfremdet erscheinen. »Die Partei« hat wenig für die einzelnen Menschen oder die Besonderheiten von Orten übrig: »Er war auf diesen Anblick [der Türme von Rerik] nicht gefaßt. Sie hätten es mir sagen können, dachte er. Aber er wußte, daß die Leute im Zentralkomitee für so etwas keinen Sinn hatten. Für sie war Rerik ein Platz wie jeder andere« (22). Die Vorstellungen von der Partei bleiben im Laufe der Erzählung durchgehend unvollständig und unklar. Sie bleibt ein **fernes Etwas**, dessen ebenso abstrakte **Kennzeichen Macht, Zusammenhang, Befehlsgewalt** und **Abhängigkeitsverhältnisse** sind. Entsprechend kann die Partei in den Gesprächen zwischen Gregor und Knudsen noch Geltungsansprüche behaupten, angesichts der eigenen Situation und Befindlichkeit sowie der morbiden Kommunikationssituation erscheint sie jedoch zunehmend als Konstrukt. Das **abstrakte Konstrukt »die Partei«** wird immer sinnentleerter, immer irrealer, immer **entfremdeter von der Wirklichkeit**, wie sie sich den Menschen in ihren jeweiligen Bestrebungen darstellt. Entsprechend urteilt der auktoriale Erzähler auch über die Fortexistenz der Partei in Rerik: »Wenn die neuen Anweisungen des Zentralkomitees die Partei in Rerik nicht mehr erreichten, dann gab es keine Partei in Rerik mehr. Dann gab es für Knudsen wie für alle anderen nur noch die Dorsche und die Heringe. Und Bertha« (15).

Spätestens im Gespräch zwischen Gregor und Knudsen (46 f.) enthüllt sich die **Zwiegespaltenheit** beider Dialogpartner gegenüber der Partei. Inhalt des Gesprächs ist eine

neue **Parteigliederung,** die von Gregor an Knudsen weiter-
gegeben werden soll. Die inhaltliche Auseinandersetzung
stößt jedoch auch hierbei auf die **lebensweltlichen Gren-
zen,** was sowohl in den Gedanken Knudsens deutlich wird
als auch darin, dass Gregor in Gedanken noch lange bei der
Figur des Lesenden Klosterschülers verweilt, die ihn weit
mehr beschäftigt als die Neugliederung der Partei. Gegenüber der Einsamkeit der Einzelnen im Leben und Empfin-
den, die in den zurückhaltenden Dialogen deutlich wird,
bleibt jenseits der Inhalte die bloße Gemeinsamkeit der
Parteizugehörigkeit. Wenigstens die wird authentisch ange-
mahnt: »Können wir nicht einfach Genossen bleiben, ohne
etwas tun zu müssen?« (47).

Neben dem abstrakten Konstrukt »die Partei« mit ihrem
Machtanspruch, das angesichts der individuellen Identitätsbildung zunehmend erodiert, wird im Roman auf der Ebene der Organisationsform eine **strukturelle
Ähnlichkeit der Partei mit der Kirche** nahe

Partei und Kirche

gelegt, die sich vordergründig zunächst in
der Kirche als Zufluchtsort zeigt. Dass diese Ähnlichkeit
sich konkret auswirkt, bemerkt Gregor ironisch: »Und
dann dachte er: so weit ist es also schon gekommen mit uns,
daß wir unter den Fenstern eines Pfarrhauses aufatmen. Er
ging hinüber zur Kirche und die paar Stufen zum Portal hin-
auf: der eine der beiden Flügel öffnete sich, als er dagegen
drückte. Er befand sich im südlichen Querschiff, und er ging
rasch zur Vierung vor, um nachzusehen, ob der Verbindungsmann aus Rerik schon da war« (39). Auflösungser-
scheinungen der Partei und ihrer Organisationsform werden beschrieben als Öffnung hin zu anderen Institutionen,
die sich auch durch ihren Charakter als Glaubensgemein-
schaft auszeichnen: »Hör mal zu, Knudsen, sagte Gregor,

du kennst die neue Taktik der Partei nicht! Wir arbeiten jetzt mit allen zusammen: mit der Kirche, mit den Bürgern, sogar mit den Leuten von der Armee. Mit allen, die gegen die Anderen sind. – Er deutete auf die Figur: Wenn wir ihn wegbringen, liefern wir ein Beispiel für diese Taktik« (56 f.). Würde man mit der Interpretation weit gehen wollen, könnte man fast formulieren, dass der Kirchenschlüssel in der Tasche Gregors (68) symbolisch den gewechselten Bezug von der Verpflichtung auf die Partei hin zur Kirche und der individuellen Zielsetzung, die Figur zu retten, bedeute. Wie bereits erwähnt, korrespondiert den Zweifeln Knudsens und Gregors an der Partei der grundsätzliche Glaubenszweifel des Pfarrers Helander.

Fragwürdige Parteizugehörigkeit

Den sich an die jeweiligen Organisationsformen der Partei oder der Kirche gebunden fühlenden Protagonisten gelingt schließlich jeweils eine **Identitätsfindung durch Abgrenzung vom Geltungs- und Machtanspruch der übergeordneten Organisation** und durch das **Setzen individueller Handlungsmoti**ve, die als innere Zielsetzung im Prozess der Identitätsfindung weitaus stärker verpflichtend sind als die von außen an die Personen herantretenden Handlungsmaximen und Arbeitsaufträge. In einer zentralen Passage formuliert Gregor diesen **Emanzipationsgedanken**, indem er das Verhältnis des Individuums und seiner Freiheit zum autoritären und bevormundenden Charakter der Partei, die Aufträge erteilt, entlarvt, und entscheidende Fragen zur Identitätsbildung formuliert: »Ich will nicht Angst haben, weil ich Aufträge ausführen muß, an die ich ... er fügte nicht hinzu: nicht mehr glaube. Er dachte: wenn es überhaupt noch Aufträge

Identitätsfindung jenseits der Organisation, Emanzipation

gibt, dann sind die Aufträge der Partei die einzigen, an die zu glauben sich noch lohnt. Wie aber, wenn es eine Welt ganz ohne Aufträge geben sollte? Eine ungeheuere Ahnung stieg in ihm auf: konnte man ohne einen Auftrag leben?« (41). Zunächst versucht Gregor, seinen Emanzipationsgedanken noch mit der Partei durchzusetzen, indem er seine **neue Handlungsmaxime, den Lesenden Klosterschüler zu retten,** als Erfüllung einer neuen Taktik der Partei deklariert. Die Partei zeigt sich als starres und sinnloses Etwas gerade im Moment aufbrechender Freiheit, wie sie zunächst von Gregor vollzogen wird. »Aber plötzlich sah er [Helander] Gregors Hand. Sie lag auf der Schulter des ›Lesenden Klosterschülers‹; in einer leichten und brüderlichen Bewegung hatte sie sich auf das Holz gelegt« (58).

Jenseits einer andeutungsweisen und vordergründigen Affinität der Glaubensbekenntnisse zwischen Partei und Kirche geht der Weg der Emanzipation hin zur **Selbstfindung in direkter zwischenmenschlicher Kommunikation,** die sich von autoritären Großinstanzen, vorgefasster Begrifflichkeit und einschlägigen Deutungsmustern zugunsten eigenen Denkens abzulösen

Selbstfindung in zwischenmenschlicher Kommunikation

bereit ist. Gregor zu Judith: »Ich meine doch nur, Sie sollten den Tod Ihrer Mutter nicht nur als einen Unfall ansehen … Was ist er denn? hörte er sie fragen. Er schwieg einige Zeit und dachte nach. Es ist gar nicht so leicht, darauf zu antworten, überlegte er. Früher hätte ich etwas von Faschismus gesagt, von Geschichte und Terror. Er ist eine kleine Ziffer im Plan des Bösen, sagte er schließlich. Genauso, dachte er im gleichen Augenblick, würde der Pfarrer seine Antwort formuliert haben« (109).

In einer der heikelsten Situationen der Erzählung, die

gleichzeitig – obwohl von Knudsen vorweggenommen (88)
– einen Höhepunkt der Erzähldramatik darstellt, offenbart
sich nach dem Durchgang durch den Emanzipationsprozess
von den großen Weltdeutungsinstanzen eine
neue **Hilflosigkeit der Weltdeutungskom-
petenzen,** die zum **Zufall** hin aufgelöst wird:
»Aus irgendeinem Grund hatte irgend jemand auf dem Zollboot den Scheinwerfer für
eine Minute abgeschaltet, es gibt also etwas,
was man Zufall nennen kann, dachte Gregor, obwohl es
nach dem Dogma der Partei keinen Zufall gibt – auch Wil-
lensfreiheit gibt es in ihm nicht, dachte er –, hinter dem
transparenten Schein eines Zufalls steht die undurchdringli-
che Wand von Naturgesetzen, man hat für jeden Zufall die
Gründe zu suchen, die ihn zu einer Notwendigkeit machen,
also hinter dem Abschalten eines Scheinwerfers die Gründe,
die einen Zollpolizisten bewegen, ihn genau in jenem Moment zu unterbrechen, der genügt, eine Flucht zu retten, so
daß auch die Rettung dem Kausalitätsprinzip gehorcht, der
Kausalität der Natur, wie die Partei sie lehrt, oder der Kausalität Gottes, wie die Kirche sie lehrt, aber die Kausalität
der Kirche erschien Gregor in diesem Augenblick, während
sie dem sich entfernenden Polizeiboot nachblickten, an-
nehmbarer als die der Partei, weil sie, wenn sie schon alles
auf den Willen Gottes zurückführte, wenigstens diesem die
Freiheit ließ, seine Zufälle dort zu wirken, wo sie ihm gerade angebracht erschienen« (130 f.).

Für die Erzählung gilt, wie schon bemerkt, dass die
vorgeführte Erscheinungsweise der Partei als Kollektivsingular und die von den Figuren in der Emanzipation von
höheren Machtansprüchen gezogenen Konsequenzen auf
dem geschilderten Hintergrund der Prämisse totalitärer

Hilflosigkeit der Weltdeutungs-kompetenz und Zufall

Bedrohung durch Faschismus und Krieg zu verstehen sind. Helmut Heißenbüttel formuliert: »Die Aktion Gregors, die Aktion eines einzelnen, nicht einer Partei oder Gruppe, kann nur zustande kommen, weil Gregor erkennt, um was es in Wahrheit geht. Er erkennt, daß auch die Partei, der er in der Opposition gegen das unmenschliche Regime dient, ihrer Tendenz nach einer ähnlichen Unmenschlichkeit zuneigt. Die Überzeugung, auf der Seite zu stehen, die das Bessere bewirken kann, verliert sich in dem Augenblick, in dem er sieht, daß auch dort der Mensch und die menschliche Gesellschaft zum Objekt wird, zur Schachfigur und zum Schachspiel um die abstrakte Macht, in dem er sieht, daß es nicht damit getan ist, das akute und darum hassenswerte Böse mit dem möglicherweise ebenso böse Werdenden zu vertauschen.«[12] Andersch vermag mit seiner Akzentuierung **weg von der Partei hin zu den existenziellen Einzelschicksalen** klare Orientierungspunkte zu setzen. Am kleinen Städtchen Rerik verdeutlicht er aber auch die Schwierigkeiten, die sich **individuell organisiertem Widerstand gegen den totalitären Faschismus** stellen.

> Prämisse totalitärer Bedrohung durch Faschismus und Krieg

Der Ort

Rerik gibt als kleines **Hafen-** und **Fischereistädtchen** den Hintergrund ab, in den die einzelnen Figuren, die zunächst für sich bleiben, eintreten, auf dem sich ihre **Spuren** nur zögernd und langsam **kreuzen,** dann ein durchsichtiges **Miteinander** vorstellen, bei dem es nach und nach auch zu **echte Kontakten** zwischen ihnen kommt, um sich schließ-

> Spuren, die sich in Rerik kreuzen

lich Spur für Spur wieder vom gemeinsamen Ort Rerik zu
entfernen und als Einzelne **aus der gemeinsamen Handlung zu lösen**, freilich ohne dass ein klares, ausformuliertes
Ende der Romanhandlung bzw. der einzelnen Handlungsstränge offenkundig wird.

Der relativ kleine Ort Rerik, von Fischerei und Handel
geprägt, ist **wirtschaftlich eher unbedeutend**. Rerik ist übersichtlich, seine **überschaubare Geographie** verbindet die einzelnen Episoden miteinander. Helander und
Knudsen sehen, während sie sich unterhalten, den Wirt des
Gasthauses, durch den sie sich beobachtet fühlen. Umgekehrt sieht Judith nahezu gleichzeitig durch die Fenster der
Gaststube den beiden, die sie nicht kennt, beim Gespräch
zu. Und Helander berichtet über Gregor: »Der junge
Mensch benimmt sich wunderbar unauffällig, dachte Helander, wenn ich nicht wüßte, welche Bedeutung er hat,
würde er mir nicht auffallen, nicht einmal in dieser Stadt, die
so klein ist, daß jeder auf jeden aufpaßt und jeder, der neu
ist, von tausend Augen registriert wird« (150).

Insofern alle Fäden nach Rerik laufen und alle Fäden von
dort aus weitergehen, kann **Rerik als Zuflucht und als Durchgangsstation** verstanden werden, die multiperspektivisch durch
antagonistische Bewertungen erschlossen
wird. Für den Jungen bedeutet Rerik zunächst eine Art von engem Gefangensein, für Judith ist der
Ort als unbedeutender Ort das Tor zur Welt: »[…] du mußt
es in Rerik versuchen, das ist ein toter kleiner Platz, an den
denkt niemand« (18), »Sie hatte sich Rerik ganz anders vorgestellt. Klein und bewegt und freundlich. Aber es war
klein und leer, leer und tot unter seinen riesigen roten

*Überschaubare
Geographie*

*Rerik als Zuflucht
und Durchgangs-
station*

Türmen« (19). In den Augen Gregors bietet der Ort Rerik
Schutz für Knudsen, gleichzeitig enthüllt sich ihm in fol-
gendem Zitat die doppelte Perspektive, die der Ort mit
Schutz oder Rückzug und **Weltoffenheit** bietet: »Du hast
einfach die Schnauze voll, mein Lieber, dachte Gregor. Du
willst dich in deinen Winkel verkriechen und an die Partei
glauben. Und ich, was will ich? Ich will aus meinem Winkel
raus und irgendwohin, wo man noch nachdenken kann, darüber nachdenken, ob es noch einen Sinn hat, an die Partei zu
glauben« (49).

Der Ort als Hintergrund der Handlung wird trotz der
doppelten Perspektive nahezu durchgän-
gig in einer **düsteren Grundstimmung**
gehalten. Er dient quasi als **Projektions-
fläche** für die individuell ähnlich düsteren
Gefühlslagen. Judith: »Die Nacht war je-

*Gefühlslagen
in düsterer
Grundstimmung*

denfalls schrecklich, dunkel und kalt, das Meer hinter dem
Hafen war schwarz und nicht mehr vom Himmel zu unterscheiden im grellen Licht der Kailampen, die Häuser waren
unten blutigrot und oben, wo sie nicht mehr vom Licht er-
faßt wurden, dunkelrot, viele Menschen gingen als aufrech-
te Schatten ihrer liegenden Schatten umher, Schlagschatten-
schwärze unter ihren Nasen, in ihren Augen, und die eis-
kalten Windstöße flatterten wie Fahnen zwischen ihnen, wie
die kalten Fahnen der blutigroten Türme, die jetzt ange-
strahlt waren, grelle, wütend aufgerichtete geblendete und
blutende Ungeheuer« (66). Gregor: »Aber die Stadt war
zum Staunen. Sie war nichts als ein dunkler, schieferfarbener
Strich, aus dem die Türme aufwuchsen« (21). Nur gelegentlich setzen sich Elemente der Hoffnung hell oder farbig vom
Hintergrund Reriks ab: »Mutlos blickte sie auf die Fahne,
die blaue Fahne mit dem gelben Kreuz, die manchmal in ei-

ner Bö knatterte; sie war das einzige hier, was nicht blutigrot war, kalkweiß oder schattenschwarz« (66). Und nachdem sich Knudsen und der Junge mit dem Kutter plangemäß nicht nur im Entschluss zur Flucht, sondern auch in der gemeinsamen Handlung als Hoffnungsträger auf den Weg machen, fällt der Hafen von Rerik als Hintergrund in **vollkommene Dunkelheit**: »In diesem Augenblick erloschen die Bogenlampen auf dem Kai. Der Hafen von Rerik war einen Augenblick völlig schwarz. Über dem Schwarz standen in der gleichen Sekunde die Türme wie Monstren, völlig nackt, in blendender roter Grelle, von Blut überströmte Riesen, die sich im Todeskampf noch einmal aufgerichtet hatten, um sich auf die Stadt zu stürzen, auf die Schwärze zu ihren Füßen« (92).

Die **Türme** sind es, die den Charakter des Ortes mitbestimmen, **Orientierung** bieten (sogar als »Seezeichen«, 22) und gleichzeitig **Überwachung** suggerieren, die im Ort gefangen hält, bis hin zur **tödlichen Bedrohung**, die durch »rot« oder »blutrot« nahe gelegt wird. Nicht von ungefähr scheint damit auch der Charakter der nationalsozialistischen **Konzentrationslager** wenigstens angedeutet zu sein. Erst in der rückblickenden Perspektive Gregors, von dem die Türme auch das erste Mal erwähnt werden (21 f.), verblasst ihr Eindruck in der Ferne: »Als er aufsah, erblickte er die Türme von Rerik in der Ferne. Von hier aus gesehen waren sie keine schweren roten Ungeheuer mehr, sondern kleine blasse Klötze im Grau des Morgens, feine quadratische Stäbe, blaugrau am Rande des Haffs« (143 f.).

In der nichtliterarischen Realität entsprechen die geschilderten Türme wohl den Türmen der Kirchen in Lübeck, Wismar, Doberan und Rostock.[13]

Die Türme

Der Lesende Klosterschüler

»Die Idee zum Kerngeschehen des Romans gewann Andersch durch einen Bericht über die tatsächliche **Rettung einzelner Barlach-Plastiken** vor den Nationalsozialisten durch den Hamburger Industriellen Hermann Fürchtegott

Rettung von Barlach-Plastiken

Reemtsma.«[14] Der Lesende Klosterschüler ist die für die Handlung zentrale Figur. Gelegentlich wird sie wegen ihrer Bedeutsamkeit für die Gesamthandlung gar als sechste Hauptfigur genannt.[15] An ihr entdeckt Gregor seine **wahre Identität**, Helander setzt mit seinem Engagement für die Figur ein **positives Zeichen**, sowohl Knudsen als auch der Junge können sich mit ihrer Unterstützung der **Flucht** an ihr bewähren und auch Judith verdankt ihr die **Fluchtmöglichkeit**.

Bei der Figur selber handelt es sich um eine **Plastik**. Gregor beschreibt sie ausführlich: »Die Figur stellt einen jungen Mann dar, der in einem Buch las, das auf seinen Knien lag. Der junge

Beschreibung der Plastik

Mann trug ein langes Gewand, ein Mönchsgewand, nein, ein Gewand, das noch einfacher war als das eines Mönchs: einen langen Kittel. Unter dem Kittel kamen seine nackten Füße hervor. Seine beiden Arme hingen herab. Auch seine Haare hingen herab, glatt, zu beiden Seiten der Stirn, die Ohren und die Schläfen verdeckend. Seine Augenbrauen mündeten wie Blätter in den Stamm der geraden Nase, die einen tiefen Schatten auf seine rechte Gesichtshälfte warf. Sein Mund war nicht zu klein und nicht zu groß; er war genau richtig, und ohne Anstrengung geschlossen. Auch die Augen schienen auf den ersten Blick geschlossen, aber sie waren es nicht, der junge Mann schlief nicht, er

Ernst Barlach: Lesender Klosterschüler, Holz, 1930
© Ernst und Hans Barlach GbR Lizenzverwaltung Ratzeburg

hatte nur die Angewohnheit, die Augendeckel fast zu schließen, während er las. Die Spalten, die seine sehr großen Augendeckel gerade noch frei ließen, waren geschwungen,
zwei großzügige und ernste Kurven, in den Augenwinkeln
so unmerklich gekrümmt, daß auch Witz in ihnen nistete.
Sein Gesicht war ein fast reines Oval, in ein Kinn ausmün-
dend, das fein, aber nicht schwach, sondern gelassen den
Mund trug. Sein Körper unter dem Kittel mußte mager sein,
mager und zart; er durfte offenbar den jungen Mann beim
Lesen nicht stören« (42).

Helander ist es, der die Figur in die **Romanhandlung**
einführt. Er spricht Knudsen nach vier Jahren
des Schweigens an und bittet ihn um Hilfe,
obwohl er ihn nach der Machtergreifung als
roten Hund diffamiert hatte (26). Indem
Helander Knudsen um Hilfe bittet, die Figur
aus der Kirche und dem Ort heraus nach
Skillinge zu bringen, wird deutlich, wie wichtig Helander
diese Figur ist. Knudsen reagiert anfangs ungehalten: »Der
Pfaffe, dachte Knudsen. Der verrückte Pfaffe. Ich soll ihm
seinen Götzen retten« (28). Zunächst ist über die Figur nur
zu erfahren, dass sie als kaum halbmetergroße Holzplastik
in der Kirche stehe und dass Helander Angst habe, sie kön-
ne ihm weggenommen werden. Auch er scheint im Auftrag,
nämlich im Auftrag seines Glaubens zu handeln: »Ich soll
sie den Anderen abliefern. Sie wollen sie mir aus der Kirche
nehmen. Sie muß nach Schweden in Sicherheit gebracht
werden« (28). »Weil die Anderen den ›Klosterschüler‹ an-
greifen, dachte Helander, ist er das große Heiligtum. Den
mächtigen Christus auf dem Altar lassen sie in Ruhe, sein
kleiner Schüler ist es, der sie stört« (29).

Gegenüber der schwerfälligen Kommunikation, die die

> *Der Lesende
> Klosterschüler
> in der Roman-
> handlung*

Beziehungen zwischen allen lebenden Figuren prägt, wirkt eine erste **intensivere Begegnung zwischen Gregor und der Plastik** des Lesenden Klosterschülers geradezu kommunikativ. Gregor setzt sich mit ihr auseinander und entdeckt in der Figur Antworten auf Fragen, die ihn beschäftigen. Gegenüber den bloß äußerlichen Ähnlichkeiten des so Sitzens, angesichts dessen er sich an Zeiten in der Lenin-Akademie erinnert, gewinnt die Figur Aussagekraft bezüglich der Art und Weise des Lesens: »Was tat er eigentlich? Er las ganz einfach. Er las aufmerksam. Er las genau. Er las sogar in höchster Konzentration. Aber er las kritisch. Er sah so aus, als wisse er in jedem Moment, was er da lese« (43).

Gregor und der Lesende Klosterschüler

Sitzen und Lesen

Gregor wertet die Figur gegenüber den anderen Figuren des Romans auf. Sie (jenes »hölzerne Wesen«, 133) gewinnt gegenüber den anderen Figuren an **Lebendigkeit** und **Selbstständigkeit**, indem Gregor ihr weiterhin **menschliche Züge** wie **Willen, Empfindung, Konzentration** oder **Zielsetzungen** zugesteht: »Eigentlich sind wir zu viert, dachte Gregor. Der Bursche, der dort sitzt und liest, dreht sicherlich auch das Wort im Mund herum. Er dreht es herum und befühlt es von der anderen Seite« (54). Und, angesichts von Judith: »Nummer drei, dachte Gregor, während er das Mädchen beobachtet. Nummer drei, die fliehen will. Erst war es nur ich, dann ist der Klosterschüler dazugekommen, jetzt diese da« (61). Die Menschlichkeit, die Gregor gegenüber der Figur aufbringt, ist unvergleichbar. Lediglich einmal gelingt es ihm, sich gegenüber Judith ähnlich menschlich zu verhalten. Dies wird deutlich, als Gregor dem Lesenden Klosterschüler die Decke abnimmt, um sie Judith zu geben (131).

Menschlichkeit

Die größtmögliche **Paradoxie**, die ihn verwirrt und auf-
weckt, entdeckt Gregor gerade in dem Punkt, in dem die
Figur sich von seiner Art des Lebens und Arbeitens zu
unterscheiden scheint. Die Figur, die, so **lebendig** sie aus-
sehen mag, doch **fest aus Holz geschnitzt**
ist, offenbart als lesende ihre **Freiheit**, die
über die Freiheit Gregors hinauszugehen
scheint: »Er ist anders, dachte Gregor, er ist

*Freiheit und
Erkenntnis*

ganz anders. Er ist leichter, als wir es waren, vogelgleicher.
Er sieht aus, wie einer, der jederzeit das Buch zuklappen
kann und aufstehen, um etwas ganz anderes zu tun« (43).
Gregors Erkenntnis wächst angesichts der Figur weiter: »Er
war verwirrt. Er beobachtete den jungen Mann, der weiter-
las, als sei nichts geschehen. Es war aber etwas geschehen,
dachte Gregor. Ich habe einen gesehen, der ohne Auftrag
lebt. Einen, der lesen kann und dennoch aufstehen und fortgehen. Er blickte mit einer Art von Neid auf die Figur«
(43 f.). Die **Erkenntnis der zwanglosen Freiheit**, die der
Klosterschüler zu verbürgen scheint, wird Gregor wiederum
in paradoxer Weise im Vergleich mit Knudsen zuteil.
»Gregor wußte jetzt, daß Knudsen zurückkehren mußte,
denn er wollte gar nicht frei sein, – er wollte resignieren, still
werden, sitzen und schweigen, aber nicht wie der Genosse
Klosterschüler. Der saß und las schweigend, aber nur, um
eines Tages aufzustehen und fortzugehen. Dafür war Knudsen zu alt. Nein, nicht zu alt. Man war niemals zu alt, um
etwas Entscheidendes zu tun. Außer, wenn irgendwas in
einem kaputt gegangen war. Knudsen war ein harter Mann.
Knudsen war ein gebrochener Mann« (90).

Dem kommunistischen Akteur gelingt es nachgerade, in
der Figur (inzwischen dem »Genossen Klosterschüler«,
67) und in dem in ihr zum Ausdruck kommenden **Ideal**

humanistische Ziele als gültig anzuerkennen

Das Ideal

und in ihnen **Widerstandspotenzial** gegen das »Dritte Reich« ausfindig zu machen.

»Gregor konnte gut verstehen, warum die Anderen den jungen Mann nicht mehr sitzen und lesen lassen wollten. Einer, der so las, wie der da, war eine Gefahr« (56). Als Kristallisationspunkt für derartige Projektionen wird die Figur

Echte Aktion

selber zum Anlass einer **echten Aktion**, die die Figuren zusammenführt, echte Gespräche stattfinden lässt und zu gemeinsamem Handeln auffordert, auch wenn Gregor behauptet: »Die Aktion war eine Sache geworden, in der jeder Beteiligte nur noch für sich selbst handelte« (87).

Gegenüber den hoffnungsfrohen Perspektiven, die insbesondere Gregor angesichts des Klosterschülers hegt, nimmt

Knudsen und der Lesende Klosterschüler

sich Knudsens Sicht der Dinge geradezu erbärmlich aus. »Es wäre leichter, den Götzen nur nach Falster hinüberzuschaffen, dachte Knudsen, aber aus irgendeinem Grunde wollte der Pfaffe ihn nach Schweden bringen

lassen. Knudsen hatte keine Ahnung, wie sie ihn in Dänemark aufnehmen würden, wenn er mit so einer Figur dort ankam, wahrscheinlich, dachte er, werden sie mich für einen Kirchenräuber halten; es bleibt mir nichts anderes übrig, als sie dem Probst von Skillinge zu bringen, der wird offenbar im Bilde sein, wenn ich mit dem Ding ankomme. Schit, dachte Knudsen, das Ganze ist schit, und auf einmal kam ihm die Idee: ich werde das Ding draußen über Bord werfen, überlegte er, das ist das Einfachste, und dann werde ich auf den Dorsch gehen und morgen mit einem Haufen Fische nach Hause kommen, zu Bertha, niemand wird mich etwas fragen und ich werde in Ruhe leben« (134). Allerdings lässt sich diese Passage wiederum auch als Ausdruck der Zerrissenheit Knudsens deuten, der ja schließlich doch in gemeinsamer Handlung seinen Part zur Rettung nicht nur des Klosterschülers beiträgt.

Kommunikation und
misslungene Kommunikation

Kommunikation ist ein weiteres Grundthema der Erzählung, insofern am **Figurenparadigma** zunächst eine Situation **gestörter Kommunikation** vorgeführt wird. Kaum einem der Hauptakteure gelingt es zunächst, sich wirklich auf eine Kommunikation mit anderen einzulassen. Der **Junge** verweilt in der **Zurückgezogenheit** seiner Visionen, der erste Versuch des sehr auf sich bezogenen **Helander**, mit dem zurückhaltenden Knudsen zu reden, scheitert am **Ressentiment Knudsens, Gregor** geht bei seinen ersten Unternehmungen ganz in der für andere nicht zu durchdringenden **Rolle des Parteifunktionärs** auf und **Judith** wappnet sich gegen die Unbilden der Flucht, indem sie eine **Fassade** um sich herum aufbaut. Wahrhaftiger Umgang innerhalb der durch den Faschismus geprägten Szenerie Reriks erscheint kaum möglich. Aus der Perspektive Judiths wird deutlich, dass sich miteinander reden und wirklich miteinander reden unterscheiden lässt: »Es gab nichts mehr zu sagen; sie konnte Konversation machen« (80). Die fast dörfliche Szenerie selber bietet Anlass für die gestörte Kommunikation. Gregor beschreibt die Menschen in ihrem Verhalten und Tun als gefährlich. »Gefährlich sind auch die Leute hier, die alle so tun, als sähen sie die Fremde überhaupt nicht, aber sie sehen sie doch und beobachten sie, auch wenn sie sie

Gestörte Kommunikation

nicht anstarren, wie es die Leute in einem Hafen im Süden tun würden. Gefährlich werden ihre Reden nachher sein, unter sich, in ihren Häusern, die abgerissenen Worte, die halben Sätze: ›hast du die gesehen?‹, das Ungefähre einer mißgünstigen Verwunderung, das dunkle Gerücht, aus dem Nichts aufsteigend und um die Türme von Rerik wehend, bis an die Ohren der Anderen. Gregor sah sich unter den Menschen, die am Kai standen, sorgfältig um, ob ein Spitzel der Geheimen Staatspolizei darunter war« (62 f.). Knudsen offenbart im Rückblick, wie sehr die Atmosphäre zwischen den einzelnen Menschen von **Lügen** durchdrungen ist: »Du verstehst nichts von der Seefahrt, Genosse, sagte er zu Gregor. Unsere Kutter sind nur für die Küstenfischerei. Wir können damit nicht auf die offene See hinaus. Warum sage ich das? fragte er sich. Ich könnte doch jetzt etwas für die Partei tun. Ich habe den Pfarrer angelogen. Ich hätte ihm antworten müssen: für die Partei tue ich auch nichts mehr« (50). Und selbst das Gespräch unter den gemeinsam auf die Partei verpflichteten Genossen ist durch **tiefes Misstrauen** geprägt: »Was will er damit, dachte Knudsen, sofort mißtrauisch«, »Er beschloß, sich dumm zu stellen« (49).

Lüge und Misstrauen

Erst nach und nach, je mehr die Spuren der Figuren sich kreuzen und je mehr sie sich miteinander verbinden, umso offensichtlicher wird die **Schwierigkeit, wirklich miteinander zu reden**, und umso nötiger erscheint es den auf sich zurückgeworfenen Akteuren, jenseits einer Atmosphäre des Misstrauens aus sich heraus **neue Artikulationsmöglichkeiten** zu finden. Gregor erkennt die Wichtigkeit der Kommunikation vor allem anderen: »Gott oder

Neue Artikulationsmöglichkeiten

nicht, sagt Gregor, es kommt nur darauf an, ob es Menschen
sind, die sich treffen. Es wird bald keine Plätze mehr geben,
an denen sich Menschen treffen können« (54).

Die Einsamkeit, wie sie sich in den ersten Begegnungen
der einzelnen Figuren zeigt, wird im Laufe der Entwicklung
des Geschehens langsam durchbrochen. »Er fühlte, wie sich
ein Netz von Beziehungen anspannt, zwischen dem Burschen in der Kirche und dem Mädchen und ihm, Gregor
selber« (67). Auch durch die nicht einfache **wechselseitige
Erhellung der Motive** im Miteinander **klärt sich die Kom-
munikationsstruktur** insgesamt zugunsten
eines **offeneren Miteinanders**, so, wenn Helander erkennt: »Diese beiden [Gregor und
Knudsen] hatten Angst, und sie hatten es sich

*Offenes
Miteinander*

eingestanden – daher der Haß zwischen ihnen, ein heuchlerischer Haß. Sie waren noch nicht auf dem Grund ihrer
Angst angelangt, dort, wo man sie einfach hinnimmt, still
und ohne Vorwurf« (57). Auch Gregor und Knudsen sprechen ihre letzten Motive offen an. Gerade die **Beziehung
zwischen Knudsen und Gregor** klärt sich zusehends, indem beide entdecken, was sie (an eigenen Zügen) am anderen gehasst haben: »Mein Gott, dachte Gregor, dieser Mann
hat mich gehaßt. Alles, was er seit heute nachmittag getan
hat, seitdem er mich in der Kirche getroffen hat, ist eine Fol-
ge seines Hasses gegen mich gewesen. Er ist dageblieben, er
hat sich entschlossen, den kleinen Mönch mitzunehmen,
weil er mich haßte. Er hat sich auf das gefährliche Abenteuer eingelassen, um mir nicht die Möglichkeit zu geben, ihn
zu verachten. Er wollte mir zeigen, daß er jeden nur er-
denkbaren Mut aufbringt, um mir zur gleichen Zeit zeigen
zu können, daß er entschlossen ist, keinen Finger für mich
zu rühren. Warum hat er mich so gehaßt? dachte er. Was ha-

be ich ihm getan? Er hat mich gehaßt, er haßt mich jetzt nicht mehr, weil ich die Angelegenheit auf die Spitze getrieben habe. Wenn ich einen Meter vor dem Ziel versagt hätte, wenn ich zu dem Jungen gesagt hätte, ich fahre mit, dann hätte er mich gehaßt bis ans Ende seiner Tage. Der hochnäsige Kerl, dachte Knudsen, der verdammt hochnäsige Kerl. Der Kerl mit seinem ZK-Hochmut. Dabei ist er nichts weiter als ein beschissener kleiner Deserteur, ein Bursche, der kneift. Aber ich kneife ja auch« (140 f.). Eine weitere Klärungsmöglichkeit für die gestörten Kommunikationszusammenhänge führt Gregor vor, indem er die hinter seiner Äußerung liegenden **Vorurteile** offen anspricht. »Woher wußten Sie es? fragte Judith. Was habe ich gewußt? sagte Gregor erstaunt. Was meinen Sie? Daß ich Jüdin bin, sagte Judith. Das sieht man, erwiderte Gregor. So, wie man es sieht, daß ich Geld habe? Ja, Sie sehen aus wie ein verwöhntes junges Mädchen aus reichem jüdischem Haus« (108).

Ein für die Erzählung entscheidender Weg, in der durch kommunikative Schwierigkeiten geprägten, gespannten Atmosphäre miteinander umzugehen, liegt im **Motiv der Flucht**, das alle **Hauptfiguren miteinander verbindet** und als **jeweils eigenes Motiv zur gemeinsamen, gelingenden Tat verpflichtet.** Ebenfalls jenseits der Möglichkeiten rein sprachlicher Kommunikation deutet sich in der **Liebe** zwischen Gregor und Judith ein weiterer **Ausweg** aus dem gestörten Miteinander an, der freilich nur im gebrochenen Motiv sichtbar wird, wie Gregor auch formuliert: »Illegalität und Liebe schließen sich aus« (113). Die erwachende Liebe zwischen beiden nimmt sich im Rückblick Gregors wie folgt aus: »Dann dachte er an den Kuß, an den nicht gegebenen und

Das verbindende Fluchtmotiv

Liebe

nicht erwiderten Kuß, und auf einmal überfiel ihn der Gedanke, daß es ein sehr schöner, ein vielleicht hinreißender
und alles verändernder Kuß hätte sein können, ein Kuß, wie
er seit Jahren nicht mehr in seinem Leben vorgekommen
war. Ich habe etwas versäumt, dachte er, ich habe falsch gedacht, und in Wirklichkeit habe ich mich vor diesem Kuß
gefürchtet« (126). In der Liebe entdecken sich die Schwierigkeiten von Identität und Identitätsbildung, wie die Liebe
selber umgekehrt zur Identitätsfindung beitragen kann.
»Ich verstehe mich selber nicht, sagte Gregor. Ich habe einen
falschen Paß und keinen Paß und keinen Namen, ich bin ein
Revolutionär, aber ich glaube an nichts, ich habe Sie be-
schimpft, aber ich bedaure, Sie nicht geküßt zu haben«
(127).

Auch Judiths Treffen mit dem Steuermann des schwedischen Kutters offenbart, wie schwierig authentische Beziehungen zur Zeit der Erzählung sind, indem an ihr deutlich
wird, dass auch die **Formen der uneigentlichen Liebe** ihre
bestimmte Bedeutung verloren haben und in **Missverständ-
nissen** münden (vgl. 76).

Am Ende des Romans, als sich die Spuren der Figuren
wieder entflechten, deutet sich in der nonver-
balen Kommunikation von Gregor und Helander ihre vorherige Verbundenheit an: »Er
sah, wie Gregor sein Rad nahm und es vom

*Nonverbale
Kommunikation*

Bürgersteig vor dem Pfarrhaus herunterschob. Dann sah er
den jungen Mann zu den Fenstern hinaufblicken, und er
schob sich ganz nah an das Fenster heran, damit Gregor ihn
bemerken konnte, wie er hinter dem Fenster stand und auf
eine Botschaft wartete. Die Botschaft kam: Gregor sah sich
sichernd um, ob noch jemand auf dem kleinen Platz ging,
aber der war leer, und der Pfarrer sah, wie Gregor fröhlich

grinste und eine horizontale Bewegung mit der rechten Hand machte, eine abschließende und triumphierende Bewegung, einen Strich, den man zog, ehe man eine Summe schrieb« (151).

Erzählstil und Erzähltechniken

Wer erzählt und wie wird erzählt?

Fragt man sich, wer es denn eigentlich ist, der erzählt, läge eine flüchtige Antwort nahe, nach der die einzelnen Figuren, die in den Kapitelüberschriften genannt sind, für sich sprechen. Über weite Passagen hinweg könnte der Roman eben auch mit der Form **direkte Rede** beschrieben werden. Lediglich die Anführungsstriche fehlten, und wenn man die Einschübe wie »sagte er zu Gregor« oder »fragte Knudsen« nur mit der Nennung des Namens versehen an den Anfang stellte, hätte man eine regelrechte Vorlage für ein Theaterstück. Allerdings übersähe man dann Einschübe wie »dachte er« oder auch ganze **Passagen, die Einblick in Situationen** oder **gedachte Zusammenhänge** bieten, die nicht direkt einer Figur zuzuordnen sind, wie »Es war ihm anzumerken, was er dachte« (73).

Direkte Rede

Diese Stellen erlauben den Fortgang der Erzählung in **zwei Richtungen:** Zum einen gibt es Passagen, in denen der Leser der angekündigten Erzählperspektive in den Wahrnehmungs- und Bewusstseinsstrom der vorgestellten Figur folgt. In der Sekundärliteratur wird diese Erzählhaltung oft als **innerer Monolog** und die Hereinnahme in den **stream of consciousness** beschrieben.[16] Nahezu

Innerer Monolog, Stream of consciousness

unmittelbar, eben auch nicht mehr gestört durch den in der Form der dritten Person gegebenen erzählerischen Hinweis »dachte er« o. Ä., kann der Leser an den **Wahrnehmungen**, dem **Denken** und den **Gefühlen der entsprechenden Figur** teilnehmen, was sich auch am Gebrauch der **ersten Person** zeigt. »Wie wird es weitergehen mit Bertha und mir, dachte Knudsen, während er zu seinem Boot zurücktrottete, wenn ich von dieser Fahrt zurückkomme? Nur noch diese Fahrt, dann wird es die Partei nicht mehr geben. Nicht mehr für mich. Dann wird es nur noch die Fische geben, das Boot und die See. Ob mir die Liebe dann noch Spaß machen wird? Ist das überhaupt der Grund, warum ich gewartet habe, warum ich nicht ausgefahren bin, fragte sich Knudsen, während er den Mann, der sich Gregor nannte, auf das Boot zukommen sah. Wollte ich den Abschied von der Partei ein wenig hinauszögern, um die Lust am Leben noch eine kurze Spanne Zeit zu behalten?« (85).

Zum anderen **öffnet sich die Erzählweise** an den Stellen, die mit »dachte er« o. Ä. eingeleitet sind, gelegentlich hin zu der eines **auktorialen Erzählers**, der, neben der an der subjektiven Sicht einzelner Figuren und deren Denk- und Gefühlshaushalt interessierten personalen Perspektive, aus seiner **übergeordneten Sicht** dem Leser Einblick in alle, nicht nur die von den Figuren geäußerten oder an Ort und Stelle sichtbaren Zusammenhänge verdeutlicht. Seine Perspektive lässt den Leser vorwiegend an einer **Außensicht der Dinge** teilnehmen. Der auktorialen Erzählhaltung bleibt die einfühlsame Innensicht verborgen, sie beschränkt sich auf das konstatierende Berichten: »Nichts gefiel Knudsen heute« (60).

| *Auktorialer Erzähler* |

Selten wird eine Handlung aus übergeordneter Perspektive so ausführlich beschrieben wie das Herunternehmen der Figur von ihrem Sockel (117 f.: »Das nicht sehr große Bildwerk …« bis »Die drei Schrauben schob er vorher darunter«) oder die Ruderbootfahrt (123 f.: »Gregors erste Ruderschläge …« bis »… als sich auf sie einstellen«). Der **Erzählstil** verzichtet weitgehend auf komplexe Ausformulierungen und ist **nüchtern bis fragend-konstatierend** eher an der relativ direkten Wiedergabe von Gesprächen, Einsichten, Handlungen und der Szenerie interessiert. Meist erfährt der Leser in **erlebter Rede** vom weiteren Verlauf, den Gedanken und Überlegungen einzelner Figuren oder auch Gesprächen, die ihrerseits in direkte Rede übergehen können und sich in der **Dialogform** auch als **szenisches Erzählen** beschreiben lassen. Der szenische Charakter des Romans verbürgt sich durch das beschriebene Nacheinander der mit den Figurennamen übertitelten Episoden, die einen Spannungsbogen erkennbar werden lassen.

Nüchtern bis fragend-konstatierender Erzählstil
Erlebte Rede
Szenisches Erzählen

Die meist **kurzen Sätze** verzichten auf kompliziertere Verschachtelungen und bieten dem Leser auch in der zeitlichen Abfolge ein **schlichtes Nacheinander** des jeweils Geschilderten. Auch wird eine von **Spannung** geprägte Atmosphäre aufgebaut, die an **Krimis** oder **Abenteuerromane** erinnert. Dazu gehört sowohl die **Wahl des Vokabulars**, so wenn die Aktion der Rettung als »Abenteuer« (68) beschrieben wird, als auch die stellenweise **derbe Haltung** einzelner Protagonisten: »Der Kerl ist also nicht abgehauen, dachte er, er treibt sich noch hier herum, was will er eigent-

Kurze Sätze
Spannung wie im Krimi oder Abenteuerroman

lich? Er soll sich doch nicht einbilden, der Schwede nähme
ihn mit, so einfach ist das nicht, die wollen keine Scherereien
haben, sie haben scharfe Anweisungen von ihren Reedereien« (60 f.), »Rindvieh, sagte Knudsen« (68); die den **harten
Helden** durchscheinen lassende Formulierung von Gregor:
»Die feine Villa und der Schicksalsschlag, sagte Gregor brutal, in einem Ausbruch von Hohn« (109); oder die sich in
misslingender Kommunikation gelegentlich verdeutlichende Verdoppelung der Perspektive, bei der in den dem Leser mitgeteilten Hintergedanken grundlegendes Misstrauen
deutlich wird. Auch die gelegentliche **Schilderung von Nebensächlichkeiten**, die nur sehr indirekt etwas mit der
eigentlichen Handlung zu tun haben, deutet darauf hin, dass
füllende Elemente schlichter Abenteuerliteratur verwendet
werden, wie die folgende Passage, die Judiths Gedanken
über den Wirt anstoßen: »Der Wirt ging in die Küche hinaus, und nach einiger Zeit brachte er ihr selbst die Omelette
und ein Glas mit hellem, dünnem Tee« (72). Eher **füllenden
Charakter** hat auch folgende Passage: »Die Schweden hatten sich wieder an ihren Tisch gesetzt und soffen schweigend und bösartig weiter. Der Kneipier hat jetzt nur noch
die Chance, daß sie sich vollaufen lassen, dachte Gregor. Sie
müssen so sternhagelvoll sein, daß sie nur noch kriechen
können, – wenn sie früher aufhören, schlagen sie ihm die
Bude zusammen« (83). Zum **Spannungsaufbau einer Krimihandlung** trägt auch die Andeutung potenzieller Gefahren bei, wie der Hinweis auf das Patrouillenboot der Zollpolizei oder Gregors kalkulierende Bemerkung, als Judith
das Bild ihrer Mutter verloren hat: »Dann wird man morgen
früh anhand des Bildes feststellen, wo Sie sich heute nacht
aufgehalten haben, sagte Gregor. Das heißt, man wird Sie
sehr schnell identifiziert haben« (104).

Licht und Farbe im Erzählraum

»Die beschreibenden Elemente seines [Anderschs] Er-
zählens schaffen eine intensive und nahezu sinnliche Beziehung des Lesers zur dargestellten Landschaft und zu den Figuren. Farben und Formen erhalten bei Andersch leitmoti-
vische Funktion und schaffen eine dichte, erzählerische
Atmosphäre.«[17] Das erzählerische Können, das für die ge-
schilderte Stimmung des Ortes verantwortlich ist, kann auf-
gespürt werden, indem man einmal den ›**Re-
gieanweisungen**‹ des Textes für **Farbigkeit**
und **Helligkeit** im Detail nachgeht. Schon
auf der ersten Seite des Romans legt Gregor
es nahe, den Ort quasi auch als Bühnenhintergrund für das
Geschehen zu betrachten. Dabei bestimmen Bedeutungen,
die sich um *Offenheit* und *Helle* ranken, die Szenerie: »die
licht stehenden Kiefern«, eine »*offen* sich darbietende Konstruktion aus *hellen* Stangen« (7).

Leitmotiv: Farbe	
und Helligkeit	

Der **entzauberte Blick Gregors**, der die Gegenstände
ihres über sie hinausweisenden Charakters beraubt, bahnt
der **trüben Realität** des weiteren und haupt-
sächlichen Geschehens ihren Weg. **Domini-
rende Bedeutungen** ranken sich um *Leere*,
Schweigen, *Dunkel*, *Einsamkeit* u. Ä.: »Von draußen kein
Echo. Es gab nichts *Leereres* als den Georgen-Kirchplatz im
Spätherbst. Helander betete einen Augenblick lang heftig
gegen die *Leere* an. Gegen die drei schon *entlaubten* Linden
in der Ecke zwischen Querschiff und Chor, gegen das
schweigende dunkle Rot der Ziegelwand, deren Höhe er
vom Fenster seiner Studierstube aus nicht abmessen konnte:
das südliche Querschiff der Georgen-Kirche« (9f.). Liest
man allein an dieser Stelle weiter, so stösst man auf weitere,

Trübe Realität

durch Adjektive, Adverbien, entsprechende Substantive oder metaphorische Kombinationen geschaffene **Bedeutungsfelder,** die der Szenerie Tristesse verleihen: »die *vollkommene Einsamkeit*«, »Ein Platz so *tot wie* die Kirche«, »Dreißigtausend Ziegel als *nackte Tafel ohne Perspektive*« (10). Wie bedeutsam diese Bedeutungsfelder auch für die Handlung des Romans werden, zeigt sich beispielsweise in der Beschreibung Helanders, der die Szenerie ausdrücklich zum Motiv seiner Handlung erklärt: »Die *dunklen Gedanken* und die *maßlosen Ziegel*kirchen waren daran schuld, daß er nun gehen und Knudsen um Hilfe bitten mußte, dachte der Pfarrer« (11), oder an den Reaktionen Judiths: sie »*schauerte zusammen*«, nachdem sie aus dem Fenster »ein Hohlziegeldach unter einem nördlichen, hellen, *vollständig leeren* Herbsthimmel« (17) gesehen hatte. Gerade in den wenigen Abgrenzungen durch positive Situationsmomente verdeutlicht sich nochmals der **düstere Grundzug der Erzählung,** zum Beispiel wenn Helander seine Vorfahren als

Düsterer Grundzug

»*fröhliche* Träumer« bezeichnet, »als sie sich verleiten ließen, in ein Land zu ziehen, in dem die Gedanken so *dunkel* und so *maßlos* waren wie die Steinwände der Kirchen, darinnen sie begannen, die rechte Botschaft zu predigen. Sie wurde nicht gehört, die rechte Botschaft: die *Finsternis* war stärker geblieben als das *kleine Licht*, das sie aus dem *freundlichen* Land mitbrachten« (10 f.). Ebenfalls positiv hebt sich das in »*heller Ölfarbe*« (20) gestrichene, ersten Schutz bietende Gasthaus »Wappen von Wismar« (20) von der Umgebung ab.

Dass diese Beobachtungen am Text nicht nur figurenspezifisch sind, verdeutlicht die **Kolorierung** der Erzählung. So werden »*mattgrü-*

Kolorierung

ne Fahnen unterm *grauen* Himmel« (7) und Knudsens Garten als winziger »Raum aus schon *matt verdunkeltem Grün*« (13) beschrieben, das Meer zeigt sich in kalten Farben wie »*Ultramarin*« (8) oder »*ultramarinblau*« (20): »Die See war *blau, ultramarinblau* und eisig« (20).

Für Helander wird die Szenerie zu Beginn in unterschiedlichsten, aber **provozierenden Rottönen** fassbar: »Er hob den Blick: die Querschiffwand. Dreißigtausend Ziegel als nackte Tafel ohne Perspektive, zweidimensional, *braunes Rot, schieferfarbenes Rot, gelbes Rot, blaues Rot,* zuletzt nur ein einziges, *dunkel phosphorisierendes Rot*, ohne Tiefe vor seinem, Helanders Zimmer hängend« (10). Gerade das Rot wird in der Erzählung in Bedeutungszusammenhänge von *tot, bedrohlich, verletzend* gestellt: »Sie hatte sich Rerik ganz anders vorgestellt. Klein und bewegt und freundlich. Aber es war klein und *leer, leer* und *tot unter seinen riesigen roten Türmen*« (19). Zusammenfassend heißt es zu Judith: »Es war furchtbar, Judith Levin zu sein in einer *toten Stadt,* die *unter einem kalten Himmel* von *roten Ungeheuern* bewohnt wurde« (20). Und auch Gregor stellen sich die Türme »als *rote Blöcke* in das Blau der Ostsee eingelassen« (22) dar. Stellenweise zeigt sich das Rot als das Rot der kommunistischen Partei, so als Rot der »*Roten Armee*« (23) oder das Rot im Vorwurf des »*roten Hundes*« (26).

Weitere Zusammenhänge, die durch die Farbgebung bestimmt sind, ließen sich durch die ganze Erzählung ausmachen. Zusammenfassend sei hier nur bemerkt, dass sowohl die Helligkeit als auch die Kolorierung der Romanszenerie die Erzählung in düsterer Farbigkeit fast schon als moribund erscheinen lässt. Verdichtet zeigt sich dies im folgenden abschließenden Beispiel, das zugleich vorführt, wie

Moribunde Atmosphäre

zerrissen selbst die Helligkeit und Farbgebung einzelner Szenen sein kann: »Es war inzwischen so *dunkel* geworden in der Kirche, daß das *Weiß* ihrer Wände sich in ein vollkommen *mattes Grau* verwandelt hatte. Vielleicht hätte dieses *Grau* begonnen zu *leuchten,* wenn es draußen schon *Nacht* geworden wäre, aber durch die hohen *Fenster* der Querschiffe konnte man sehen, daß draußen noch *Frühabendlicht* hing, *Dämmerungshelle*« (54 f.).

Neben der ständigen direkten **Belichtung der Szenerie** und dem gezielten Einsatz von Farbe sind zwei in diesen Zusammenhang gehörende Motive erwähnenswert: die **Leuchttürme** und **Scheinwerfer**, die als **wegweisend** bzw. **gefährlich** erscheinen.

Leuchttürme und Scheinwerfer

Passend zur Orientierungslosigkeit Judiths, deren übergeordnetes Ziel, die Flucht, aber immer wieder richtungsweisend ist, spiegeln sich während der Flucht in dunkler Nacht die Lichter des Leuchtturmes in ihren Augen.

Gegenüber dem Orientierung bietenden fixen Leuchtfeuer nehmen sich die flach über das Wasser ziehenden Lichter des Suchscheinwerfers bedrohlich aus: »Das Licht bestand, wie das des Leuchtturms, aus einem unerträglich weiß brennenden Kern und einem Strahlenbündel, das sich kaum auffächerte, sondern am Ende nur schwächer wurde, grau und durchsichtig. Gregor schätzte die Reichweite des Strahls auf etwa fünfhundert Meter, und wenn die Fahrrinne von der inneren Bucht zum Leuchtturm gerade verlief, dann befand sich ihr Boot höchstens dreihundert Meter von der Fahrrinne entfernt« (127 f.). »Der Junge schrie: ›Weiterrudern!‹, sie duckten sich tiefer in die Bewegung der Ruder, aber sie hielten ihre Gesichter auf den Zeiger des Lichtes gerichtet, der nun zu wandern begann« (129).

7. Autor und Zeit

Alfred Andersch: Leben, Werk und Wirkung

»Die Spannung zwischen Ästhetik und Politik charakterisiert Anderschs Leben und Werk.«[18]

In seinem bereits 1952 erschienenen Roman *Die Kirschen der Freiheit* verdeutlicht der in der Nachkriegszeit bedeutsam werdende Autor Andersch, dessen schriftstellerisches Motto immer auch die Suche nach Wahrheit war, die **Stationen seiner Kindheit** und **Jugend** sowie den elementaren **Durchbruch der Freiheit**, die zum wiederkehrenden Motiv seiner Erzählungen wird.

Autobiographisch: Die Kirschen der Freiheit

In dieser Erzählung, einem Bericht, wird deutlich, wie der 1914 geborene Andersch während der **Schulzeit** und in der von kleinbürgerlichem Protestantismus geprägten **elterlichen Wohnung** das München der Zwanzigerjahre erlebt. Während der rechtskonservative Vater als Kriegsveteran schließlich an seinen Verletzungen stirbt, erlebt der sensible Junge Andersch die **Erschießung** der **Räterepublikaner**. Andersch schildert die Kindheitstage in den *Kirschen der Freiheit* unter der Überschrift »Der Park zu Schleißheim« und deutet damit neben dem politischen Erfahrungsraum auch den **alltagsweltlichen Lebensraum** seiner Kindheit an, bevor die Überschrift »Verschüttetes Bier« den sich als Genossen begreifenden Andersch ankündigt, der in den Kommunistischen Jugendverband eintritt, um sich dort seiner Gesinnung entsprechend zu engagieren. Der sich literarisch bildende **Organi-**

Kindheit und Jugend in München

Alfred Andersch
Foto: Isolde Ohlbaum

sationsleiter der **Kommunistischen Jugend,** der er inzwischen geworden ist, erlebt die Machtergreifung Hitlers 1933 als Mitglied der Masse auf der Straße in München. Dort wird der **Untergang der Republik** ebenso deutlich, wie sich Vereinzelung und Verfolgung ankündigen. Andersch wird als Organisationsleiter verfolgt und verbringt im Frühjahr und Herbst 1933 Haftzeiten in **Dachau,** die das Ausmaß der nationalsozialistischen Verfolgung erahnen lassen.

Andersch, dessen Mutter es gelingt, ihn wieder zu befreien, zieht sich nun zusehends zurück und widmet sich in den folgenden Jahren der **Kunst** und **wissenschaftlicher Tätigkeit** – sein schon früher gewähltes zweites Stand-

Kunst und Wissenschaft

bein neben dem politischen Engagement. Im Brotberuf ist er zunächst in **München** als Büroangestellter und ab 1937 als Werbegrafiker in **Hamburg** tätig, wohin er auch mit seiner ersten Frau zieht. In den *Kirschen der Freiheit* wird diese Zeit als unpolitische, sehnsuchtsvolle Zeit mit »Das Fährboot zu den Halligen« übertitelt, bevor der zweite große Abschnitt der *Kirschen* sich als »Die Fahnenflucht« ankündigt.

Realität des Krieges, Motiv der Freiheit

Durch die **Realität des Krieges** wird der Soldat Andersch seit 1940 mit Unterbrechung über Dänemark, Belgien, Thüringen und das Elsaß nach Italien geführt, wo die weitere Handlung der *Kirschen* einsetzt. Grundthema wird spätestens von hier an das **Motiv der Freiheit** sein, das zu **Selbstfindung** und **Ich-Identität** führt und in seinem Erzählwerk leitmotivisch virulent ist. Die Grundthematik der Freiheit, die den Schriftsteller Andersch auch weiterhin beschäftigen wird, kann als für diese »ideologisch, sprachlich, literarisch zwischen allen Stühlen«[19] sitzende Generation typische Auseinandersetzung mit dem **Existenzialismus** angesehen werden.

In der Erzählung *Die Kirschen der Freiheit* zeigen sich dem Soldaten Andersch die Kameraden sowohl als Gemeinschaft wie als lästige Verpflichtung. »Die Angst«, so der Titel eines weiteren Unterkapitels der *Kirschen*, lassen die Gedanken des Soldaten im nervenaufreibenden Garnisonsalltag, in dem Furcht und Tod ständig präsent sind, zusehends um Fahnenflucht und Freiheit kreisen. »Zwischen Angst und Mut treten die beiden anderen natürlichen Eigenschaften des Menschen, Vernunft und Leidenschaft. Sie führen die Entscheidung, die er zwischen Mut

Angst, Mut, Vernunft und Leidenschaft

und Angst zu treffen hat, herbei«[20] und lassen den Ich-
erzähler, hinter dem Andersch sich autobiographisch verbirgt, knapp ein Jahr vor Kriegsende in einer günstigen
Situation in die Wildnis entkommen, wo sich das Ich als
Selbst begreifen und ergreifen kann. Bevor
Andersch in amerikanische Gefangenschaft
gerät, endet der **autobiographische Bericht**
Die Kirschen der Freiheit, indem dem Ich die
nunmehr reifen Kirschen der Freiheit zuteil werden.

> Die Kirschen
> der Freiheit

  Seine Kriegsgefangenschaft in den USA vermag Andersch
zu weiterer **schriftstellerischer Tätigkeit** zu
nutzen, bevor er in München Redaktionsassistent der *Neuen Zeitung* bei Erich Kästner
wird. Seit 1946 hat Andersch zusammen mit
Hans Werner Richter die Zeitschrift *Der Ruf*
herausgegeben, die 1947 von den Amerikanern wegen ihrer
kritischen Haltung verboten wird. Andersch wird mit anderen Autoren Mitglied der »Gruppe 47«. Seine zweite Ehe
geht er 1950 mit der Malerin Gisela Groneuer ein. Von 1948
bis 1958 hat Andersch Positionen als Leiter des Rundfunk-
»Abendstudios« in Frankfurt und als Redaktionsleiter von
»radio-essay« beim Sender Stuttgart inne. 1958 zieht das
Ehepaar nach Berzona bei Locarno, wo Alfred Andersch
1980 stirbt.

> *Kriegsgefangen-
> schaft,
> Nachkriegszeit*

  Zum **erzählerischen Werk** gehören neben den wegen des
Desertionsthemas bekannt und wegen des Freiheitsmotivs
berühmt gewordenen *Kirschen der Freiheit* (1952) der Roman *Sansibar oder der letzte Grund* (1957), der »sofort als
einer der Höhepunkte der Prosa der fünf-
ziger Jahre erkannt wurde«[21]; der 1960 und
in veränderter Fassung 1972 erschienene Ro-
man *Die Rote* handelt vor dem Hintergrund deutscher Ver-

> *Prosa*

gangenheit von der Frau Franziska als Hauptfigur auf der existenzielle Entscheidungen fordernden Flucht in Italien vor Ehe und Geliebtem hin zu neuer Selbstbestimmung, aber auch von Fabio, dem sie begegnet; der 1967 erschienene Roman *Efraim*, in dem sich der zunächst in Berlin über die Kuba-Krise berichtende britische Journalist »Georg Efraim [...], die moderne Verkörperung des heimatlosen Juden«, »auf eine Entdeckungsreise seiner selbst«[22] begibt, einer der wenigen Romane Anderschs, die nicht den Anspruch auf die Verwirklichung einer **konkreten Utopie** erheben;[23] der große Frontroman *Winterspelt* (1974), der Ereignisse und Erlebnisse an der Westfront aufnimmt und noch einmal »als Gegenentwurf zur deutschen Geschichte der letzten 50 Jahre«[24] durchspielt; sowie die noch im Todesjahr Anderschs erschienene, ebenfalls autobiographisch geprägte Erzählung *Der Vater eines Mörders* (1980), die eine Griechisch-Stunde des Vaters von Heinrich Himmler im Jahr 1929 durch die auch in anderen Erzählungen die Identität Anderschs verbergende Kunstfigur Franz Kien wiedergibt.

Für Andersch als Autor gilt, dass er in der Zeit nach '45 zu jenen Autoren zählte, die in **liberaler linkskritischer Sicht**, die **sozialistischen Ziele** nicht aus den Augen verlierend, auf der Grundlage eines ausgeprägten **Humanismus** und der Begegnung mit dem individualisierenden, aber eben die **elementare Freiheit** des **Einzelnen betonenden Existenzialismus** sich sowohl kritisch zu den Themen der Zeit äußerten wie auch in ihren literarischen Werken der **kritischen Auseinandersetzung mit der deutschen Vergangenheit** Impulse zu geben in der Lage waren und sind. Anlässlich der Auseinandersetzung mit *Sansibar*

Der Schriftsteller Andersch

formuliert Demetz: »Als Schriftsteller steht Andersch im Widerstand gegen jedwede Idee des Determinismus, d. h. gegen jede Anschauung vom Menschen, die auf seinen Begrenzungen und Unterwerfungen besteht und nicht auf seiner Fähigkeit, sich von Ursachen zu lösen und frei für sich zu entscheiden.«[25] Positiv formuliert sagt Bühlmann: »Die Grundthematik von Anderschs Werk ist die Verwirklichung individueller Freiheit und ihre existentielle Problematik. Das Fortgehen, die Desertion, das Wegtreten aus den Bindungen ist die immer wiederholte Grundgeste.«[26]

Wie sehr der seit 1958 im Tessin lebende Andersch sich als Autor mit seiner Erinnerung an die deutsche Vergangenheit im weiteren Verlauf der Entwicklung der Bundesrepublik auch in das politische Alltagsgeschäft einmischte, *Kultur der Erinnerung* zeigten die mit spitzer Feder geschriebenen Beiträge wie *Notwendige Aussage zum Nürnberger Prozeß* (1946), *Aufruf an die Hochschullehrer* (1947), *Das junge Europa formt sein Gesicht* (1946), *Skandal der deutschen Reklame* (1951) oder das bekanntere Gedicht *Artikel 3 (3)* (1976),[27] von dem Andersch sagte, dies sei einer der Texte, »von denen ich mir einbilde, sie verhinderten, daß ich eines Tages wieder eine Straßenwalze in einem KZ ziehen muß«[28].

Dabei deutet sich mit den **Reiseberichten** des viel und weit gereisten Andersch eine »Spannung in Anderschs Werk zwischen Reflexion und Erfahrung, zwischen reiner Beschreibung *Reisen* und kritischem Kommentar«[29] an. Überhaupt wäre es zu kurz gegriffen, Anderschs Kurzgeschichten, kürzere Erzählungen, Hörspiele und Gedichtbände, mit denen er sich in seiner ganzen **Vielseitigkeit** und **Experimentierfreude**[30] darstellt, unberücksichtigt zu lassen. »In seiner Prosa-

Sammlung *Mein Verschwinden in Providence*, 1971, [...] ist

Andersch seiner Kunstübung energisch si-

*Literarische
Vielseitigkeit
und Experimen-
tierfreude*

cher und scheut weder das deutlich Autobiographische noch das unruhig Experimen-
tierende.«[31] Und in seiner Mitherausgeber-
schaft der Nachkriegszeitschrift *Der Ruf* offenbart sich das fortgesetzte Engagement des

Autors, »der sich nach dem Ende des Hitler-Regimes auf
die Möglichkeit eines demokratisch-sozialistischen Europas
konzentriert zeigte«[32].

Wolfram Schütte fasst zusammen: »Das Einzigartige, für
manche seiner Kritiker mitunter auch Zwiespältige von Anderschs Werk bestand in der provozierenden Behauptung
und literarischen Praxis, wonach die strengste Vorstellung

von künstlerischer Qualität und die radi-

*Ästhetik
und Politik*

kalste Imagination von Politik sich nicht
gegenseitig ausschließen. Ästhetik ist Widerstand. Am Marxismus, den er (zuletzt neben

der Psychoanalyse) immer noch als tauglichstes Mittel der
gesellschaftlichen und historischen Analyse betrachtete, kri-
tisierte er gleichwohl seine dogmatische Verengung und
Ideologisierung zu einem Weltbild, das der individuellen
menschlichen Aktion keine Freiheit mehr gestatte. Am
Existenzialismus, den er im Sinne Sartres als Humanismus
verstand, hat ihn nie das nihilistische Moment, die Beliebig-
keit der Wahl interessiert, sondern nur dessen Beharren auf
der individuellen Verantwortlichkeit, der Entscheidungs-
fähigkeit des Menschen. Ästhetik und Politik fallen zusammen im Begriff einer Moral, die vom einzelnen fordert, sich
gegen die Barbarei oder für sie zu entscheiden.«[33]

Tabelle zu Leben und Werk[34]

1914 4.2. Geburt Alfred Anderschs in München als Sohn eines aus Ostpreußen stammenden Offiziers, seine Mutter stammte aus Böhmen.

1920–28 Schulzeit, u. a. im Wittelsbacher Gymnasium, über das die autobiographische Erzählung *Der Vater eines Mörders* berichtet.

1928–30 Lehre als Buchhändler in München.

1931–33 Arbeitslosigkeit.

1932 Organisationsleiter des Kommunistischen Jugendverbandes in Südbayern.

1933 Nach dem Reichstagsbrand am 27.2.1933 und im Herbst im KZ Dachau.

1933–37 Büroangestellter in München.

1937–40 Werbegrafiker in Hamburg.

1939 In Hamburg begonnene Schreibversuche.

1940–44 Mit Unterbrechung Soldat, zunächst zur Ausbildung in Siegen.

1944 6.6. Desertion in Italien.

1944 *Erste Ausfahrt*, Veröffentlichung in der *Kölnischen Zeitung*.

1944/45 US-amerikanische Kriegsgefangenschaft, Beiträge für die Gefangenenzeitschrift *Der Ruf*.

1945/46 Redaktionsassistent bei Erich Kästner, *Neue Zeitung*, München.

1946/47 Herausgeber von *Der Ruf* mit Hans Werner Richter.

1947 Tagung der »Gruppe 47«.

1948 Erste Buchpublikation: *Deutsche Literatur in der Entscheidung. Ein Beitrag zur Analyse der literarischen Situation.*

1948–50 Gründer und Leiter des »Abendstudios« des Senders Frankfurt am Main.

1951–53 Leitung der »Feature-Redaktion« der beiden Sender Hamburg und Frankfurt am Main.

1952 *Die Kirschen der Freiheit* erscheinen und rufen heftige Reaktionen hervor.

1955–58 Gründer und Leiter des »radio-essay«, Süddeutscher Rundfunk, Sender Stuttgart.

1955–57 Herausgeber der Zeitschrift *Texte und Zeichen.*

1957 *Sansibar oder der letzte Grund* erscheint.

1958 Anderschs ziehen nach Berzona ins Tessin.

1960 *Die Rote.* Erzählung.

1962 *Wanderungen im Norden*, ein Reisebericht mit Fotos seiner Frau Gisela.

1963 *Ein Liebhaber des Halbschattens*, Erzählungen.

1965 Erste Sammlung von Hörspielen: *Fahrerflucht.*

1965 Erste Sammlung von Essays: *Die Blindheit des Kunstwerks.*

1966 *Aus einem römischen Winter*, Reiseessays.

1967 Der Roman *Efraim* erscheint.

1969 *Hohe Breitengrade oder Nachrichten von der Grenze*, Reisebericht.

1971 *Mein Verschwinden in Providence*, Erzählungen.

1972 Andersch wird Schweizer Staatsbürger.

1974 *Literatur nach dem Tod der Literatur.*

1974 Der letzte große Roman *Winterspelt* erscheint.

1976 Andersch löst mit dem Gedicht *Artikel 3 (3)* eine Debatte zu Radikalenerlass, Berufsverbot und Meinungsfreiheit aus.

1977 *Öffentlicher Brief an einen sowjetischen Schriftsteller, das Überholte betreffend*, Veröffentlichung weiterer Aufsätze und Reportagen.

1977 *empört euch der himmel ist blau* erscheint als Sammlung von Gedichten und Nachdichtungen.

1980 *Der Vater eines Mörders* erscheint.

1980 21. 2. Alfred Andersch stirbt nach längerer Krankheit.

8. Lektüretipps / Filmhinweise

Textausgabe

Alfred Andersch: Sansibar oder der letzte Grund, Zürich: Diogenes Verlag, 1970. – *Nach dieser Ausgabe wird zitiert.*

Hörspiel/Verfilmung

»Neben dem Roman Sansibar existiert eine **Hörspielfassung**, Aktion ohne Fahnen (1953)[35], ein wie der Roman selber ›preisgekröntes Hörspiel [...] (Abendprogramm, 10.6.1958)‹, das sich aus für den Funk umgearbeiteten Ausschnitten zusammensetzt.«[36] Dem am Roman orientierten Hörspiel ist eine erzählerische Einleitung vorgeschaltet, der Erzähler begleitet das weitere Geschehen.

Alfred Andersch: Aktion ohne Fahnen. Nach Motiven des Romans *Sansibar oder der letzte Grund*. (Cotta's Hörbühne.) [Produktion HR Frankfurt 1958.] Stuttgart 1987.

Des Weiteren gibt es eine **Fernsehfassung** (1961), die von Leopold Ahlsen eingerichtet wurde.[37]
Die im Dezember 1961 gezeigte Fernsehfassung unter der Regie von Bernhard Wicki mit Frank Hessental in der Rolle des Jungen wurde von der Kritik gespalten aufgenommen.[38]

Einzeldarstellungen zu Autor und Werk

Heidelberger-Leonard, Irene: Alfred Andersch. Die ästhetische Position als politisches Gewissen. (Literarhistorische Untersuchungen 4, hrsg. von Theo Buck.) Frankfurt a. M. / Bern / New York 1986.

Jendricke, Bernhard: Alfred Andersch. Mit Selbstzeugnissen und Bilddokumenten. Reinbek bei Hamburg 1988.

Reinhold, Ursula: Alfred Andersch. Politisches Engagement und literarische Wirksamkeit. Berlin 1988.

Schütz, Erhard: Alfred Andersch. München 1980.

Wehdeking, Volker: Alfred Andersch. Stuttgart 1983.

Wittmann, Livia Z.: Alfred Andersch. Stuttgart/Berlin/Köln/Mainz 1971.

Sammlungen von Sekundärliteratur

Arnold, Heinz Ludwig (Hrsg.): text + kritik: Alfred Andersch. Heft 61/62. München 1979.

Haffmans, Gerd (Hrsg.): Über Alfred Andersch. Hrsg. unter Mitarb. von Rémy Charbon und Franz Cavigelli. 3., verm. Neuausg. Zürich 1987.

Heidelberger-Leonard, Irene / Volker Wehdeking (Hrsg.): Alfred Andersch. Perspektiven zu Leben und Werk. (Kolloquium zum achtzigsten Geburtstag des Autors in der Werner-Reimers-Stiftung, Bad Homburg v. d. H.) Opladen 1994.

Wehdeking, Volker (Hrsg.): Zu Alfred Andersch. Stuttgart 1983.

Weitere zitierte und empfehlenswerte Literatur

Bühlmann, Alfons: In der Faszination der Freiheit. Eine Untersuchung zur Struktur der Grundthematik im Werk von Alfred Andersch. Berlin 1973.

Demetz, Peter: Alfred Andersch. In: Gerd Haffmans (Hrsg.), S. 10–19.

– Sansibar oder der letzte Grund. In: Volker Wehdeking (Hrsg.), S. 22–27.

Frenzel, Herbert A. und Elisabeth Frenzel: Daten deutscher Dichtung. Chronologischer Abriß der deutschen Literaturgeschichte. Bd 2: Vom Realismus bis zur Gegenwart. München [26]1991 [[1]1962.]. [Sansibar oder der letzte Grund: S. 689.]

Fringli, Dieter: Andersch: Deserteur. In: Gerd Haffmans (Hrsg.), S. 278–280.

Geulen, Hans: Alfred Andersch. Probleme der dargestellten Erfahrung des »deutschen Irrtums«. In: Hans Wagener (Hrsg.): Gegenwartsliteratur und Drittes Reich. Deutsche Autoren in der Auseinandersetzung mit der Vergangenheit. Stuttgart 1977. S. 205–221.

Hamburger, Käte: Erzählformen des modernen Romans. In: Der Deutschunterricht 11 (1959) Heft 4. [Sansibar oder der letzte Grund: S. 8–14].

Heidelberger-Leonard, Irene: Erschriebener Widerstand? Fragen an Alfred Anderschs Werk und Leben. In: I. H.-L. / Volker Wehdeking (Hrsg.), S. 51–61.

Heißenbüttel, Helmut: Vom letzten Grund der Politik. In: Gerd Haffmans (Hrsg.), S. 83–87.

Horst, Karl August: Aufwertung der Sachlichkeit. In: Merkur 11 (1957) H. 12. S. 1204–07.

Kesting, Hanjo: Die Flucht vor dem Schicksal. In: Heinz Ludwig Arnold (Hrsg.), S. 3–22.

Lenz, Siegfried: Sehnsucht nach Sansibar. In: Gerd Haffmans (Hrsg.), S. 47–50.

Liebe, Matthias: Andersch als Gründer und Leiter des »Radio-Essays«. In: Irene Heidelberger-Leonard / Volker Wehdeking (Hrsg.), S. 171–177.

Poppe, Reiner: Literaturwissen für Schule und Studium: Alfred Andersch. Stuttgart 1999.

Reich-Ranicki, Marcel: Alfred Andersch, ein geschlagener

Revolutionär. In: R.-R.: Deutsche Literatur in West und Ost. München 1966. S. 101–119.

– Der enttäuschte Revolutionär. In: Gerd Haffmans (Hrsg.), S. 273–278.

Reinhard, Stephan: Ästhetik als Widerstand – Andersch als Bürger und engagierter Schriftsteller. In: Irene Heidelberger-Leonard / Volker Wehdeking (Hrsg.), S. 32–41.

Reinhold, Ursula: Literatur und Politik. Zur Rezeption Alfred Anderschs in der DDR. In: Irene Heidelberger-Leonard / Volker Wehdeking (Hrsg.), S. 202–212.

Schiller, Dieter: Stundenblätter Alfred Andersch: *Sansibar oder der letzte Grund.* Eine Einführung in den modernen Roman für Klasse 10. Stuttgart 1979.

Schmidt, Arno: *Sansibar oder der letzte Grund.* In: Gerd Haffmans (Hrsg.), S. 87–91.

Schütte, Wolfram: Stolz und einsam. In: Gerd Haffmans (Hrsg.), S. 281–285.

Sollmann, Kurt: Alfred Andersch: *Sansibar oder der letzte Grund.* Frankfurt a. M. ²1999. [¹1994.]

Wehdeking, Volker: Alfred Anderschs Leben und Werk aus der Sicht der neunziger Jahre: Eine Problemskizze. In: Irene Heidelberger-Leonard / Volker Wehdeking (Hrsg.), S. 13–31.

Williams, Rhys: Alfred Andersch. In: Heinz Ludwig Arnold (Hrsg.): Kritisches Lexikon zur deutschsprachigen Gegenwartsliteratur (KLG). Eintrag Alfred Andersch 1984.

Anmerkungen

1 Peter Demetz, »Alfred Andersch, *Sansibar oder der letzte Grund*«, in: Volker Wehdeking, *Zu Alfred Andersch*, Stuttgart 1983, S. 22.

2 Herbert A. und Elisabeth Frenzel, *Daten deutscher Dichtung. Chronologischer Abriß der deutschen Literaturgeschichte*, Bd. 2: *Vom Realismus bis zur Gegenwart*, München ²⁶1991 [¹1962], S. 689.

3 Rhys Williams, »Alfred Andersch«, in: Heinz Ludwig Arnold (Hrsg.), *Kritisches Lexikon zur deutschsprachigen Gegenwartsliteratur (KLG)*, Eintrag Alfred Andersch 1984, S. 8.

4 Hanjo Kesting, »Die Flucht vor dem Schicksal«, in: Heinz Ludwig Arnold (Hrsg.), *text + kritik* Heft 61/62 (1979): *Alfred Andersch*, S. 14.

5 Demetz (Anm. 1), S. 23.

6 Erläuterungen unter Mithilfe von:
Brockhaus. Die Enzyklopädie in vierundzwanzig Bänden, 20., überarb. und aktual. Aufl., Leipzig/Mannheim 1999.
Gerhard Wahrig (Hrsg.), *Brockhaus-Wahrig. Deutsches Wörterbuch in sechs Bänden*, Wiesbaden 1980–84.
Begriff von Georg Bollenbeck.

7 Stephan Reinhard, *Alfred Andersch. Eine Biographie*, Zürich 1990, S. 252.

8 Jean-Paul Sartre, *Das Sein und das Nichts. Versuch einer phänomenologischen Ontologie* [frz. Originalausgabe: 1943], deutsch von Hans Schönberg und Traugott König (Jean-Paul Sartre: *Gesammelte Werke 3, Philosophische Schriften I*, in Zusammenarb. mit dem Autor und Arlette Elkam-Sartre begr. von Traugott König, hrsg. von Vincent von Wroblewsky), Reinbek bei Hamburg 1994, S. 845 f.

9 Alfred Andersch reagierte auf diesbezügliche Kritik Münchener Studenten, vgl. Alfred Andersch, »Ueber den Gebrauch zweier Wörter in einem Roman«, in: Irene Heidelberger-Leonard / Volker Wehdeking (Hrsg.), *Alfred Andersch. Perspektiven zu Leben und Werk* (Kolloquium zum achtzigsten Geburtstag des Autors in der Werner-Reimers-Stiftung, Bad Homburg v. d. H.), Opladen 1994, S. 226–228.

11 Marcel Reich-Ranicki, »Alfred Andersch, ein geschlagener Revolutionär«, in: M. R.-R., *Deutsche Literatur in West und Ost*, München 1966, S. 107.

12 Helmut Heißenbüttel, »Vom letzten Grund der Politik«, in: Gerd Haffmans (Hrsg.), *Über Alfred Andersch*, hrsg. unter Mitarb. von Rémy Charbon und Franz Cavigelli, 3., verm. Neuausg., Zürich 1987, S. 84.

13 Alfred Andersch, *Aktion ohne Fahnen. Nach Motiven des Romans »Sansibar oder der letzte Grund«*, Stuttgart 1987.

14 Reiner Poppe, *Literaturwissen für Schule und Studium: Alfred Andersch*, Stuttgart 1999, S. 39.

15 Z. B. Volker Wehdeking, *Alfred Andersch*, Stuttgart 1983, S. 79.

16 Z. B. Käte Hamburger, »Erzählformen des modernen Romans«, in: *Der Deutschunterricht* 11 (1959) Heft 4, S. 8.

17 Ursula Reinhold, *Alfred Andersch. Politisches Engagement und literarisches Wirken*, Berlin 1988, S. 135.

18 Williams (Anm. 3), S. 16.

19 Bernd Lutz (Hrsg.), *Metzler Autorenlexikon. Deutschsprachige Dichter und Schriftsteller vom Mittelalter bis zur Gegenwart*, 2., überarb. und erw. Aufl. Stuttgart / Weimar 1997.

20 Alfred Andersch, *Die Kirschen der Freiheit. Ein Bericht*, Zürich 1972, S. 84.

21 Marcel Reich-Ranicki, »Der enttäuschte Revolutionär«, in: Haffmans (Hrsg.) (Anm. 3), S. 275.

22 Williams (Anm. 3), S. 10.

23 Irene Heidelberger-Leonard, »*Alfred Andersch. Die ästhetische Position als politisches Gewissen*« (*Literarhistorische Untersuchungen* 4, hrsg. von Theo Buck), Frankfurt a. M., Bern / New York 1986, S. 23.

24 Kesting (Anm. 4), S. 18.

25 Peter Demetz, »Alfred Andersch, *Sansibar oder der letzte Grund*«, in: Wehdeking (Anm. 15), S. 26.

26 Alfons Bühlmann, *In der Faszination der Freiheit. Eine Untersuchung zur Struktur der Grundthematik im Werk von Alfred Andersch*, Berlin 1973, S. 7.

27 Alle abgedruckt in: *Vaterland, Muttersprache. Deutsche Schriftsteller und ihr Staat seit 1945. Ein Nachlesebuch für die Oberstufe*, zusammengest. von Klaus Wagenbach, Winfried Stephan und Michael Krüger, mit einem Vorw. von Peter Rühmkorf, Berlin 1980.

28 Zitiert nach: Williams (Anm. 3), S. 15.
29 Williams (Anm. 3), S. 10.
30 Vgl. auch Williams (Anm. 3), S. 12.
31 Demetz (Anm. 1), S. 16. Ein sehr guter Überblick über Werk und Wirkung ist Ursula Reinhold, *Alfred Andersch. Politisches Engagement und literarische Wirksamkeit*, Berlin 1988.
32 Hans Geulen, »Alfred Andersch. Probleme der dargestellten Erfahrung des ›deutschen Irrtums‹«, in: Hans Wagener (Hrsg.), *Gegenwartsliteratur und Drittes Reich. Deutsche Autoren in der Auseinandersetzung mit der Vergangenheit*, Stuttgart 1977, S. 205.
33 Wolfram Schütte: »Stolz und einsam«, in: Haffmans (Hrsg.) (Anm. 12), S. 283 f.
34 Zusammengestellt nach:
   Haffmans (Hrsg.) (Anm. 12), S. 313–315.
   Manfred Brauneck (Hrsg.), *Autorenlexikon deutschsprachiger Literatur des 20. Jahrhunderts,* unter Mitarb. von Wolfgang Beck, überarb. und erw. Neuausg., Reinbek bei Hamburg 1991.
   Lutz (Hrsg.) (Anm. 19).
   Williams (Anm. 3).
   Erhard Schütz, *Alfred Andersch*, München 1980, S. 150–152.
   Volker Wehdeking, »Leben und Werk aus der Sicht der neunziger Jahre«, in: Heidelberger-Leonard / Wehdeking (Anm. 10).
   Bernhard Jendricke, *Alfred Andersch. Mit Selbstzeugnissen und Bilddokumenten*, Reinbek bei Hamburg 1988 (rowohlts monographien).
   Gero von Wilpert, *Deutsches Dichterlexikon. Biographisch-bibliographisches Handwörterbuch zur deutschen Literaturgeschichte*, Stuttgart 1988.
   Eine minutiöse Rekonstruktion von Anderschs Leben und Werk stellt Stephan Reinhard auf knapp 800 Seiten vor: Stephan Reinhard, *Alfred Andersch. Eine Biographie,* Zürich 1990.
35 Schütz (Anm. 34), S. 94
36 Matthias Liebe, »Andersch als Gründer und Leiter des ›Radio-Essays‹«, in: Heidelberger-Leonard / Wehdeking (Hrsg.) (Anm. 10), S. 197.
37 Ursula Reinhold, *Alfred Andersch. Politisches Engagement und literarische Wirksamkeit*, Berlin 1988, S. 136.
38 Bernhard Jendricke, *Alfred Andersch. Mit Selbstzeugnissen und Bilddokumenten*, Reinbek bei Hamburg 1988, S. 85.